プリント形式のリアル過去問で本番の臨場感！

山梨県

山梨学院中学校

2025年春受験用

解答集

本書は，実物をなるべくそのままに，プリント形式で年度ごとに収録しています。
問題用紙を教科別に分けて使うことができるので，本番さながらの演習ができます。

■ 収録内容

・解答集(この冊子です)

書籍ＩＤ番号，この問題集の使い方，最新年度実物データ，リアル過去問の活用，解答例と解説，ご使用にあたってのお願い・ご注意，お問い合わせ

・2024(令和６)年度 ～ 2022(令和４)年度　学力検査問題

JN132590

○は収録あり

年度	'24	'23	'22			
■ 問題(一般・専願)	○	○	○			
■ 解答用紙	○	○	○			
■ 配点						

算数に解説があります

注)国語問題文非掲載:2023年度専願の【二】

問題文の非掲載につきまして

著作権上の都合により，本書に収録している過去入試問題の本文の一部を掲載しておりません。ご不便をおかけし，誠に申し訳ございません。

本文の一部を掲載できなかったことによる国語の演習不足を補うため，論説文および小説文の演習問題のダウンロード付録があります。弊社ウェブサイトから書籍ＩＤ番号を入力してご利用ください。

なお，問題の量，形式，難易度などの傾向が，実際の入試問題と一致しない場合があります。

教英出版

■ 書籍ＩＤ番号

入試に役立つダウンロード付録や学校情報などを随時更新して掲載しています。
教英出版ウェブサイトの「ご購入者様のページ」画面で，書籍ＩＤ番号を入力してご利用ください。

書籍ＩＤ番号　102417

（有効期限：2025年9月30日まで）

【入試に役立つダウンロード付録】
「要点のまとめ（国語／算数）」
「課題作文演習」ほか

■ この問題集の使い方

年度ごとにプリント形式で収録しています。針を外して教科ごとに分けて使用します。①片側，②中央のどちらかでとじてありますので，下図を参考に，問題用紙と解答用紙に分けて準備をしましょう（解答用紙がない場合もあります）。

針を外すときは，けがをしないように十分注意してください。また，針を外すと紛失しやすくなりますので気をつけましょう。

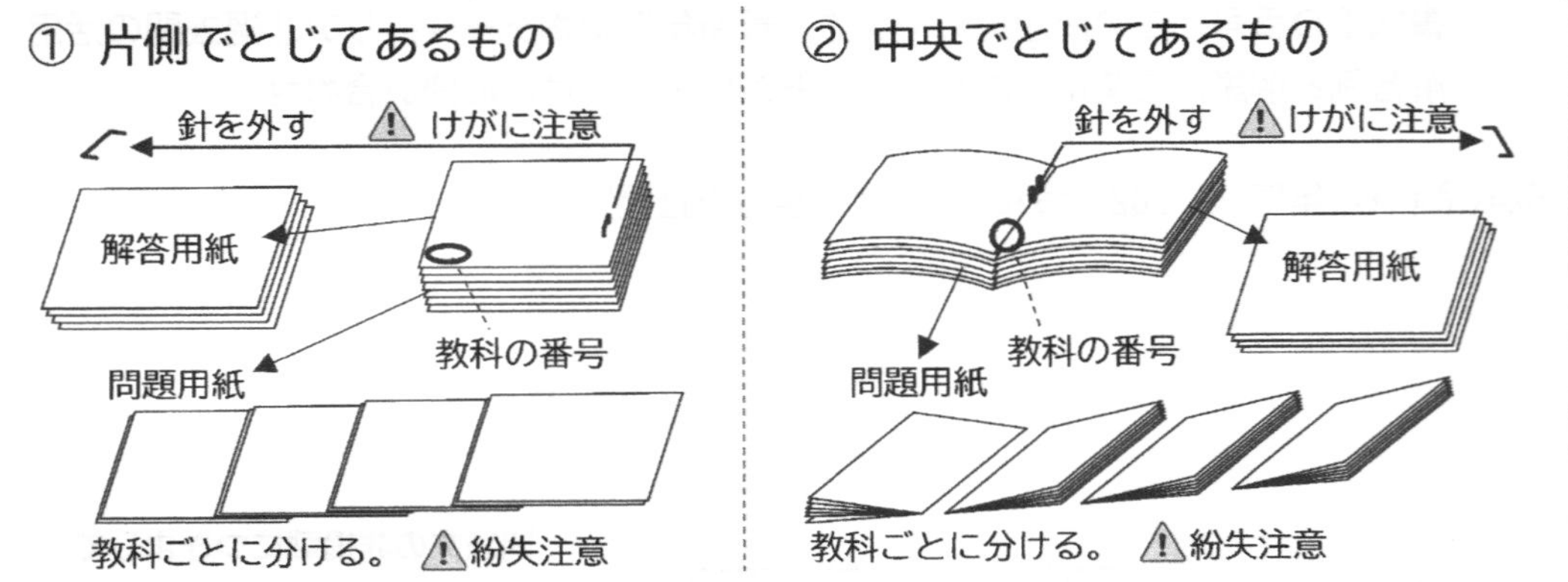

※教科数が上図と異なる場合があります。
解答用紙がない場合や，問題と一体になっている場合があります。
教科の番号は，教科ごとに分けるときの参考にしてください。

■ 最新年度 実物データ

実物をなるべくそのままに編集していますが，収録の都合上，実際の試験問題とは異なる場合があります。実物のサイズ，様式は右表で確認してください。

問題用紙	Ａ４冊子（二つ折り）
解答用紙	国：Ａ３片面プリント 算：Ａ４片面プリント

リアル過去問の活用

~リアル過去問なら入試本番で力を発揮することができる~

本番を体験しよう！

問題用紙の形式（縦向き／横向き），問題の配置や余白など，実物に近い紙面構成なので本番の臨場感が味わえます。まずはパラパラとめくって眺めてみてください。「これが志望校の入試問題なんだ！」と思えば入試に向けて気持ちが高まることでしょう。

入試を知ろう！

同じ教科の過去数年分の問題紙面を並べて，見比べてみましょう。

① 問題の量

毎年同じ大問数か，年によって違うのか，また全体の問題量はどのくらいか知っておきましょう。どのくらいのスピードで解けば時間内に終わるのか，大問ひとつにかけられる時間を計算してみましょう。

② 出題分野

よく出題されている分野とそうでない分野を見つけましょう。同じような問題が過去にも出題されていることに気がつくはずです。

③ 出題順序

得意な分野が毎年同じ大問番号で出題されていると分かれば，本番で取りこぼさないように先回りして解答することができるでしょう。

④ 解答方法

記述式か選択式か（マークシートか），見ておきましょう。記述式なら，単位まで書く必要があるかどうか，文字数はどのくらいかなど，細かいところまでチェックしておきましょう。計算過程を書く必要があるかどうかも重要です。

⑤ 問題の難易度

必ず正解したい基本問題，条件や指示の読み間違いといったケアレスミスに気をつけたい問題，後回しにしたほうがいい問題などをチェックしておきましょう。

問題を解こう！

志望校の入試傾向をつかんだら，問題を何度も解いていきましょう。ほかにも問題文の独特な言いまわしや，その学校独自の答え方を発見できることもあるでしょう。オリンピックや環境問題など，話題になった出来事を毎年出題する学校だと分かれば，日頃のニュースの見かたも変わってきます。

こうして志望校の入試傾向を知り対策を立てることこそが，過去問を解く最大の理由なのです。

実力を知ろう！

過去問を解くにあたって，得点はそれほど重要ではありません。大切なのは，志望校の過去問演習を通して，苦手な教科，苦手な分野を知ることです。苦手な教科，分野が分かったら，教科書や参考書に戻って重点的に学習する時間をつくりましょう。今の自分の実力を知れば，入試本番までの勉強の道すじが見えてきます。

試験に慣れよう！

入試では時間配分も重要です。本番で時間が足りなくなってあわてないように，リアル過去問で実戦演習をして，時間配分や出題パターンに慣れておきましょう。教科ごとに気持ちを切り替える練習もしておきましょう。

心を整えよう！

入試は誰でも緊張するものです。入試前日になったら，演習をやり尽くしたリアル過去問の表紙を眺めてみましょう。問題の内容を見る必要はもうありません。どんな形式だったかな？受験番号や氏名はどこに書くのかな？…ほんの少し見ておくだけでも，志望校の入試に向けて心の準備が整うことでしょう。

そして入試本番では，見慣れた問題紙面が緊張した心を落ち着かせてくれるはずです。

※まれに入試形式を変更する学校もありますが，条件はほかの受験生も同じです。心を整えてあせらずに問題に取りかかりましょう。

2024 解答例 令和6年度

山梨学院中学校【一般】

《国　語》

【一】①墓　②雑誌　③勤務　④警察署　⑤耕　⑥やちん　⑦いちがん　⑧しょうちくばい　⑨ちょさくけん　⑩かめい

【二】問一．読み…いと　意味…イ　問二．生後一〇か月頃　問三．イ　問四．お母さんが微笑んでいれば安全であり、動いてもよく、怖い顔をしていれば危険であり、動いてはならないということ。　問五．エ　問六．ひとつ～ること　問七．エ　問八．ウ　問九．外界に自分を広げる窓　問十．ウ

【三】問一．a．ウ　b．ア　c．イ　問二．イ　問三．ア　問四．ウ　問五．傷つけられた記憶しかないから。　問六．薬　問七．傷ついたことを隠してなるべく考えないようにすることで、自分の心を守ろうとすること。　問八．今まで～れない　問九．充分傷つい　問十．エ　問十一．傷つき

【四】問一．①イ　②ア　③エ　④オ　⑤ウ　問二．①○　②×　③○　④×　⑤○

《算　数》

1 ア．161　イ．1.96　ウ．$1\frac{19}{20}$　エ．47　オ．$1\frac{13}{20}$

2 ア．6　イ．2時間20分　ウ．108　エ．77.5　オ．りんご…6　みかん…10

3 ア．28.26　イ．60　ウ．66.54　エ．38.22

4 ア．2521　イ．1.64

5 ア．25　イ．50　ウ．白…113　黒…112　エ．31

6 ア．12　イ．16分48秒後　ウ．14分24秒後

7 ア．上り坂が800　イ．5.6　ウ．2.4

8 ア．①13000　②17000　③21000（①～③は順不同）　イ．5400　ウ．⑥2　⑦2　⑧1　※エ．21000

※の理由は解説を参照してください。

山梨学院中学校【専願】

《国　語》

【一】①我　②習慣　③編集　④米俵　⑤預金　⑥えいきゅう　⑦あき　⑧めんおりもの
⑨ふる　⑩けわ

【二】問一．人間は生きものであり、自然のなかにある。　問二．ア　問三．イ
問四．自分は生き～を持つこと　問五．a．ア　b．ウ　c．エ　d．イ　問六．簡単な例を
問七．目／耳　問八．B．イ　C．エ　問九．自分で考えず科学を信じること。
問十．科学を知っ～も活用する　問十一．イ　問十二．自分は生きものであるという感覚を持ち、常に自分で考え、自身の行動に責任を持ち、自律的な暮らし方をすること。

【三】問一．イ　問二．ウ　問三．車を所有し、運転ができる。　問四．イ　問五．だから、助　問六．イ
問七．いただく　問八．ア　問九．エ　問十．母のうれしそうな様子から、総菜を納入する仕事をやる気になっていることを確信した。

【四】問一．①言　②関心　③聞　問二．①エ　②オ　③ア　問三．①ウ　②イ　③ア　④エ

《算　数》

1　ア．1838　イ．15　ウ．$2\frac{1}{2}$　エ．250　オ．$1\frac{1}{4}$

2　ア．2600　イ．3.2　ウ．28　エ．5　オ．11

3　ア．25.12　イ．228.6　ウ．30

4　ア．2.85　イ．5.14　ウ．3

5　ア．80　イ．12　ウ．2800

6　ア．39　イ．898　ウ．27　エ．225，⑧　オ．4185

7　ア．120　イ．60　ウ．12　エ．15

8　ア．12　イ．1001　ウ．22　エ．1110

1 ア　与式＝25＋136＝**161**

イ　与式＝2.08－0.96÷８＝2.08－0.12＝**1.96**

ウ　与式＝$\frac{7}{5}\times\frac{3}{2}-\frac{3}{4}\times\frac{1}{5}=\frac{21}{10}-\frac{3}{20}=\frac{42}{20}-\frac{3}{20}=\frac{39}{20}=\mathbf{1\frac{19}{20}}$

エ　与式＝(3.5＋1.2)×12.6－4.7×2.6＝4.7×12.6－4.7×2.6＝4.7×(12.6－2.6)＝4.7×10＝**47**

オ　与式＝$\frac{3}{2}\times1.2-\frac{1}{4}\div\frac{5}{3}=1.8-\frac{1}{4}\times\frac{3}{5}=\frac{36}{20}-\frac{3}{20}=\frac{33}{20}=\mathbf{1\frac{13}{20}}$

2 ア　大きい位から順に数を選ぶとすると，百の位は１，２，３の３通りの選び方があり，十の位は残りが２枚だから２通り，一の位は残りが１枚だから１通りとなる。よって，全部で，３×２×１＝**６**(通り)

イ　１km＝1000mだから，7.7km＝(7.7×1000)m＝7700mである。したがって，7700÷55＝140(分)かかる。

１時間＝60分だから，140÷60＝２余り20より，140分＝**２時間20分**

ウ　**【解き方】公倍数は最小公倍数の倍数である。100より大きい数についても考えることに気をつける。**

６と９の最小公倍数は18だから，18の倍数を考える。100÷18＝５余り10より，100に近い18の倍数として，18×５＝90と90＋18＝108が見つかる。このうち100により近いのは**108**である。

エ　**【解き方】(平均点)×(科目数)＝(合計点)となることを利用する。**

算数以外の３科目の合計点は，76×３＝228(点)だから，算数をふくめた４科目の合計点は，228＋82＝310(点)

よって，４科目の平均点は，310÷４＝**77.5**(点)

オ　**【解き方】16個のくだものの合計金額が1420－200＝1220(円)になる。つるかめ算を利用する。**

みかんが16個だとすると，合計50×16＝800(円)となり，実際より1220－800＝420(円)低くなる。１個をみかんからりんごにおきかえると，合計金額は120－50＝70(円)高くなる。よって，りんごの個数は420÷70＝**６**(個)，みかんの個数は16－６＝**10**(個)である。

3 ア　$6\times6\times3.14\times\frac{90°}{360°}$＝９×3.14＝**28.26**(㎠)

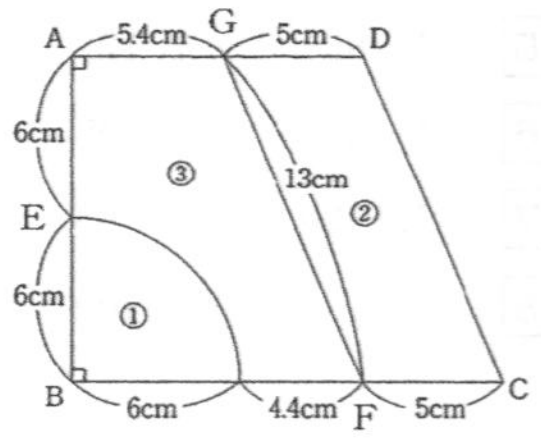

イ　右図のように記号をおく。ＧＤとＦＣが長さが等しく平行だから，②は平行四辺形である。よって，面積は，ＦＣ×ＡＢ＝５×(６＋６)＝５×12＝**60**(㎠)

ウ　台形ＡＢＦＧの面積は，(5.4＋６＋4.4)×12÷２＝94.8(㎠)

ここから①の面積を引いて，94.8－28.26＝**66.54**(㎠)

エ　①の曲線部分の長さは，$6\times2\times3.14\times\frac{90°}{360°}$＝３×3.14(cm)＝9.42(cm)

よって，③の回りの長さは，9.42＋4.4＋13＋5.4＋６＝**38.22**(cm)

4 ア　直方体部分の底面積は，12.5×16.4＝205(㎠)だから，直方体部分の容積は，205×10＝2050(㎤)

円柱部分の容積は，(５×５×3.14)×６＝150×3.14＝471(㎤)　よって，容器全体の容積は，2050＋471＝**2521**(㎤)

イ　**【解き方】(直方体部分の底面積)×(水面の高さ)で求められる。１Ｌ＝1000㎤である。**

アより，直方体部分の底面積が205㎠だから，205×８＝1640(㎤)，つまり$\frac{1640}{1000}$Ｌ＝**1.64**Ｌの水が入っている。

5 ア　**【解き方】１番目は１×１＝１(枚)，２番目は２×２＝４(枚)，３番目は３×３＝９(枚)，４番目は４×４＝16(枚)のタイルが使われているから，ｎ番目ではｎ×ｎ(枚)のタイルが使われる。**

５番目は，５×５＝**25**(枚)のタイルが使われている。

イ　**【解き方】偶数番目を見ると，どの列を見ても白と黒が同じ枚数使われているから，白と黒の枚数は等しくなる。**

10 番目は全部で，10×10＝100(枚)のタイルが使われている。このうち黒いタイルは，100÷２＝**50**(枚)

ウ　【解き方】縦の列でも横の列でもよいが，２つの列を合わせると白と黒の枚数が等しくなる。したがって，列が全部で奇数あるとき，つまり奇数番目のとき，白の方が黒より１個多い列が１つ余る。

奇数番目は白いタイルが黒いタイルより１枚多い。15 番目は全部で，15×15＝225(枚)のタイルが使われている。225÷２＝112 余り１より，白いタイルは 112＋１＝**113**(枚)，黒いタイルは **112** 枚使われている。

エ　【解き方】イ，ウをふまえると，白いタイルより黒いタイルが先になくなるとわかる。黒いタイルが 510 枚なので，タイル全部の枚数は最大で 510×２＋１＝1021(枚)である。

1021 に近い平方数《へいほうすう》(同じ整数を２つかけあわせてできる数)を探す。30×30＝900，40×40＝1600 だから，30 以上 40 以下を探すと，31×31＝961，32×32＝1024 が見つかる。したがって，1021 以下の最大の平方数は 961 であり，タイルが全部で 961 枚となるのは **31** 番目である。これが求める図形の番号である。

6　**ア　【解き方】コースは１周 1.2 km＝1200m だから，ＡさんがＢさんの 1200÷２＝600(m)先を走っていると考える。**

初めてＢさんがＡさんに追いつくのは，ＢさんがＡさんよりも 600m 多く走ったときである。１分ごとにＢさんはＡさんより 150－100＝50(m)多く走るから，求める時間は，600÷50＝**12**(分後)

イ　【解き方】１回目に出会うのは，２人が走った道のりの和が 600m になったときであり，その後は，２人が走った道のりの和がコース１周分(1200m)になるごとに２人は出会う。

２人は１分ごとに合わせて 100＋150＝250(m)走るから，１回目に出会うのは，600÷250＝$\frac{12}{5}$(分後)

２回目以降は，1200÷250＝$\frac{24}{5}$(分)ごとに出会うから，４回目に出会うのは，$\frac{12}{5}+\frac{24}{5}\times 3=\frac{84}{5}$＝16.8(分後)，

つまり，16 分(0.8×60)秒後＝**16 分 48 秒後**

ウ　【解き方】イより，ＡさんとＢさんが正反対の位置にいるときから出会うまでの時間は$\frac{12}{5}$分だから，$\frac{12}{5}$分ごとに，(出会う)→(正反対の位置)→(出会う)→(正反対の位置)→(出会う)→……，とくり返す。

Ａさん，Ｏさん，Ｂさんがこの順で一直線上に並ぶのは，ＡさんとＢさんが正反対の位置にいるときである。

この位置になることは，出発してから$\frac{12}{5}\times 2=\frac{24}{5}$(分)ごとに起きるから，３回目は，$\frac{24}{5}\times 3=\frac{72}{5}$＝14.4(分後)，

つまり，14 分(0.4×60)秒後＝**14 分 24 秒後**

7　**ア　【解き方】行きの上り坂は帰りの下り坂，行きの下り坂は帰りの上り坂なので，上り坂と下り坂の道のりが等しければ，行きと帰りで時間の差は生まれない。行きの方が時間がかかったということは，行きでは下り坂より上り坂の方が多いということである。**

行きの道のりは，「①平地」「②上り坂１m と下り坂１m のセット」「③上り坂」の３つに分けることができ，帰りは①と②が同じで，③が下り坂に変化する。行きは帰りよりも，57 分 50 秒－56 分 30 秒＝１分 20 秒＝$1\frac{20}{60}$分＝$\frac{4}{3}$(分)多くかかり，これは③の道のりで生まれた差である。

同じ道のりを進むときにかかる時間の比は速さの比の逆比に等しいから，③を上るときと下るときの時間の比は，速さの比の 240：400＝３：５の逆比の５：３である。この比の数の５－３＝２が$\frac{4}{3}$分にあたるから，③を上るときにかかった時間は，$\frac{4}{3}\times\frac{5}{2}=\frac{10}{3}$(分)なので，③の道のりは，$240\times\frac{10}{3}$＝800(m)

よって，行きでは**上り坂**が下り坂よりも **800**m 長い。

イ　【解き方】アをふまえ，行きに②でかかった時間を求める。

①でかかった時間は，$\frac{7.2\times 1000}{320}=\frac{45}{2}=22\frac{1}{2}$(分)だから，②でかかった時間は，57 分 50 秒$-22\frac{1}{2}$分$-\frac{10}{3}$分＝$57\frac{5}{6}$分$-22\frac{1}{2}$分$-3\frac{1}{3}$分＝32 分である。②のうち，上り坂でかかった時間と下り坂でかかった時間の比も５：３だから，②のうちの上り坂でかかった時間は，$32\times\frac{5}{5+3}$＝20(分)である。よって，行きで上り坂にかかった時

間は全部で，$20+\frac{10}{3}=\frac{70}{3}$(分)だから，上り坂は$240\times\frac{70}{3}=5600$(m)，つまり**5.6 km**ある。

ウ　【解き方】お父さんの移動の条件から，家から中間地点までの道のりと，けんじ君が家から中間地点までにかかった時間を求め，つるかめ算を利用する。

イより，行きで下り坂にかかった時間は，$20\times\frac{3}{5}=12$(分)だから，行きでは下り坂が$400\times12=4800$(m)ある。

したがって，片道の道のりは，7200＋5600＋4800＝17600(m)だから，家から中間地点までの道のりは，17600÷２＝8800(m)である。お父さんはこの道のりを$\frac{8800}{1000\times44}=0.2$(時間)，つまり，0.2×60＝12(分)で進むから，けんじ君が家から中間地点までにかかった時間は，18＋12＝30(分)である。

けんじ君が平地を進む速さで30分進むと320×30＝9600(m)進み，実際より9600－8800＝800(m)長くなる。１分を平地を進む速さから上り坂を進む速さにおきかえると，進む道のりは320－240＝80(m)短くなる。したがって，家から中間地点までに上り坂を進んだ時間は，800÷80＝10(分)だから，その道のりは，240×10＝2400(m)，つまり**2.4 km**である。

8　**ア　【解き方】五千円札の枚数で場合分けをする。**

五千円札が１枚で千円札が４枚だと，合計5000＋1000×４＝9000(円)になる。千円札１枚を五千円札１枚におきかえるごとに，合計金額は5000－1000＝4000(円)高くなるから，考えられるお年玉の金額は，9000円，9000＋4000＝**13000**(円)，13000＋4000＝**17000**(円)，17000＋4000＝**21000**(円)のどれかである。

イ　【解き方】28%引きはもとの値段の，$1-\frac{28}{100}=\frac{72}{100}$(倍)である。

28%引きされたズボン１本の値段は，$7500\times\frac{72}{100}=$**5400**(円)

ウエ　【解き方】Tシャツ１枚，トレーナー１枚，ズボン１本の値段と残ったお金の合計金額を求め，アで求めた考えられる金額と比べる。

Tシャツ１枚，トレーナー１枚，ズボン１本の値段と残ったお金の合計金額は，3240＋4320＋5400＋480＝13440(円)である。したがって，お年玉の金額は17000円か21000円である。

17000円だとすると，残り17000－13440＝3560(円)だから，さらにトレーナーやズボンは買えず，Tシャツを買ってもぴったり17000円にならない。したがって，お年玉の金額は**21000**円である。

残りは21000－13440＝7560(円)であり，合計がちょうど7560円になる組み合わせとして，Tシャツ１枚とトレーナー１枚がある。よって，Tシャツは１＋１＝**2**(枚)，トレーナーは１＋１＝**2**(枚)，ズボンは１本買った。

1 ア 与式＝4253－2415＝**1838**

イ 与式＝26－８×２＋５＝26－16＋５＝**15**

ウ 与式＝$3\frac{4}{12}+\frac{5}{12}-\frac{9}{12}-\frac{1}{2}=3-\frac{1}{2}=2\frac{2}{2}-\frac{1}{2}=\mathbf{2\frac{1}{2}}$

エ 与式＝12.5×(23＋４－７)＝12.5×20＝**250**

オ 与式＝$\frac{59}{10}\div\frac{2}{5}-\frac{9}{8}\div(\frac{10}{12}-\frac{9}{12})=\frac{59}{10}\times\frac{5}{2}-\frac{9}{8}\div\frac{1}{12}=\frac{59}{4}-\frac{9}{8}\times12=\frac{59}{4}-\frac{54}{4}=\frac{5}{4}=\mathbf{1\frac{1}{4}}$

2 ア **【解き方】３割増しの値段はもとの金額の，$1+\frac{3}{10}=\frac{13}{10}$(倍)になる。**

定価は，$2000\times\frac{13}{10}$＝**2600**(円)

イ 800ｍ＝$\frac{800}{1000}$km＝0.8km，15分＝$\frac{15}{60}$時間＝$\frac{1}{4}$時間だから，求める速さは，毎時$(0.8\div\frac{1}{4})$km＝毎時**3.2**km

ウ **【解き方】最大公約数を求めるときは，右の筆算のように割り切れる数で次々に割っていき，割った数をすべてかけあわせればよい。**

```
2) 140 364
2)  70 182
7)  35  91
     5  13
```

140と364の最大公約数は，２×２×７＝**28**

エ **【解き方】つるかめ算を利用する。**

みかんが20個あると80×20＝1600(円)となり，実際より1700－1600＝100(円)低くなる。みかん１個をりんご１個におきかえると，合計金額が100－80＝20(円)高くなるから，りんごは100÷20＝**5**(個)買った。

オ **【解き方】２人の年齢の差が37－13＝24(歳)のまま変わらないことを利用する。**

お母さんの年齢が太郎くんの年齢の２倍になるとき，２人の年齢の比は２：１であり，この比の数の２－１＝１が年齢差の24歳にあたる。よって，このとき太郎くんは24歳だから，24－13＝**11**(年後)である。

3 ア 底面が半径４÷２＝２(cm)の半円だから，底面積は，２×２×3.14÷２＝２×3.14(cm²)

よって，体積は，(２×3.14)×４＝８×3.14＝**25.12**(cm³)

イ **【解き方】図２で見える底面の面積を求めてから，高さをかければよい。**

もとの底面は，縦２＋３＝５(cm)，横２＋４＝６(cm)の長方形だから，もとの底面積は，５×６＝30(cm²)

取り除いた正四角形の底面積は２×２＝４(cm²)，４分の１の円柱の底面積は，$2\times2\times3.14\times\frac{1}{4}$＝3.14(cm²)

よって，図２の底面積は，30－４－3.14＝22.86(cm²)だから，体積は，22.86×10＝**228.6**(cm³)

ウ **【解き方】容器を傾ける前も傾けた後も，水の形を，正面に見える面を底面とする高さが３cmの角柱と考える。水面と床は平行になるから，容器を傾けた後について右のように作図できる。**

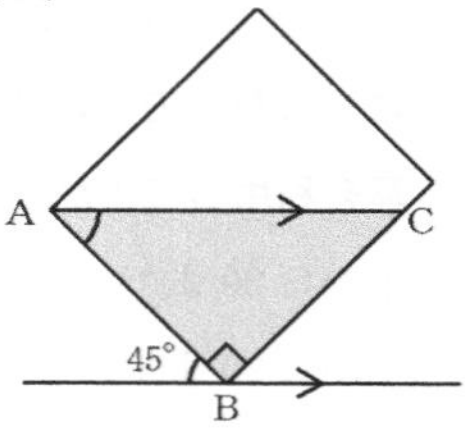

容器を傾ける前の水の体積は，４×７×３＝84(cm³)

平行線の錯角は等しいから，角ＢＡＣ＝45°なので，三角形ＡＢＣは直角二等辺三角形である。したがって，ＢＣ＝ＢＡ＝６cmだから，三角形ＡＢＣの面積は，６×６÷２＝18(cm²)

よって，傾けた後の水の体積は，18×３＝54(cm³)だから，流れ出る水の量は，84－54＝**30**(cm³)

4 ア 3.8×1.5÷２＝**2.85**(cm²)

イ **【解き方】右図の斜線部分の面積の$\frac{1}{2}$を求めればよい。**

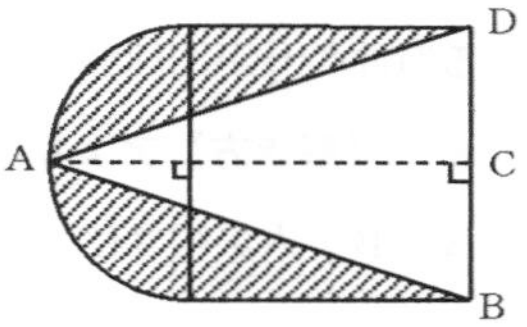

正方形と半円の面積の和は，４×４＋２×２×3.14÷２＝16＋6.28＝22.28(cm²)

ＡＣ＝２＋４＝６(cm)だから，三角形ＡＢＤの面積は，４×６÷２＝12(cm²)

よって，斜線部分の面積は，22.28－12＝10.28(cm²)だから，求める面積は，

10.28÷２＝5.14(㎠)

ウ　【解き方】三角形ＡＢＥの底辺をＢＥとすると，台形ＡＥＣＤと三角形ＡＢＥは高さが等しいので，面積比は，｛(上底)＋(下底)｝：(底辺の長さ)と等しくなる。

台形ＡＥＣＤと三角形ＡＢＥの面積比は，(ＡＤ＋ＥＣ)：ＢＥ＝(７＋９－４)：４＝３：１

よって，台形ＡＥＣＤの面積は三角形ＡＢＥの面積の**３**倍である。

5　ア　右図の①から，太郎くんは40分で3200m進むと読み取れる。

よって，太郎くんの速さは，毎分$\frac{3200}{40}$m＝毎分**80m**

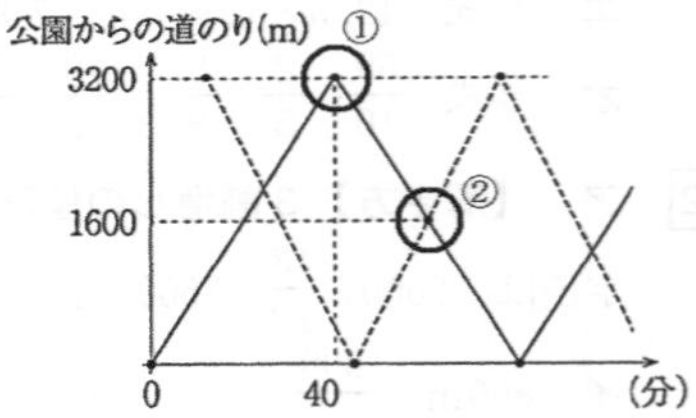

イ　【解き方】右図の②で２人が同じ位置にいることに注目する。

②は公園と図書館のちょうど中間地点だから，太郎くんは図書館で折り返してから②に着くまでに，40＋$\frac{40}{2}$＝60(分)かかる。

次郎君は出発してから②に着くまでに，3200＋1600＝4800(m)進んでいて，これに4800÷100＝48(分)かかる。よって，次郎くんは太郎くんが出発した60－48＝**12(分後)**に出発した。

ウ　【解き方】太郎くんが１往復して公園に戻るのは，太郎くんが出発した40×２＝80(分後)である。

太郎くんが１往復して公園に戻ったとき，次郎くんは，100×(80－12)＝6800(m)進んでいる。

6800－3200×２＝400(m)だから，このとき次郎くんは図書館で折り返してから400m進んでいる。

よって，公園から3200－400＝**2800(m)**のところにいる。

6　**【解き方】１枚のカードには９個ずつ整数が書かれていて，⑨の位置に最も大きい整数がくる。よって，ｎ枚目の⑨の位置には９×ｎがくる。**

ア　４枚目の⑨の位置は９×４＝36だから，５枚目の③の位置は，36＋３＝**39**

イ　100枚目の⑨の位置は９×100＝900で，100枚目の⑦の位置はその２つ前だから，900－２＝**898**

ウ　【解き方】29枚目の⑨の位置は９×29＝261だから，30枚目の①の位置は262である。50枚目の⑨の位置は９×50＝450である。したがって，262以上450以下の７の倍数の個数を求める。

262未満の７の倍数は，262÷７＝37余り３より37個ある。450以下の７の倍数は，450÷７＝64余り２より64個ある。よって，求める個数は，64－37＝**27(個)**

エ　2024は，2024÷９＝224余り８より，224枚目のカードの⑨の位置の数より８大きい。

よって，2024は**225**枚目の⑧の位置にある。

オ　【解き方】求める値《あたい》は，９×１＋９×２＋９×３＋……＋９×30＝９×(１＋２＋３＋……＋30)だから，筆算を利用して１から30までの連続する整数の和を求める。

１から30までの連続する整数の列を２つ使って右のような筆算が書けるから，

１から30までの連続する整数の和は，$\frac{31\times30}{2}$＝465

	１＋２＋３＋……＋30
＋)	30＋29＋28＋……＋１
	31＋31＋31＋……＋31

よって，求める値は，９×(１＋２＋３＋……＋30)＝９×465＝**4185**

7　**ア　【解き方】同じ仕事をＡ１人で行ったときと，ＢとＣ２人で行ったときにかかる時間の比が５：１だから，単位時間あたりの仕事量の比は１：５となる。**

３人で20時間仕事をしたとき，Ａは仕事全体の$\frac{1}{1+5}=\frac{1}{6}$を行った。したがって，Ａ１人で仕事したときにかかる時間の$\frac{1}{6}$が20時間だから，Ａ１人だと20÷$\frac{1}{6}$＝**120(時間)**かかる。

イ　【解き方】アより，１時間でＡ１人が行う仕事量を①，ＢとＣ２人が行う仕事量を⑤とする。

ＡとＢ２人が行う仕事量と，Ｃ１人が行う仕事量の比が１：１だから，１時間でＡとＢ２人が行う仕事量は，

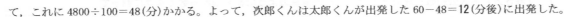

$\frac{①+⑤}{2}$＝③，C１人が行う仕事量も③である。したがって，B１人が１時間で行う仕事量は③－①＝②である。
仕事全体の量は，①×120＝$\textcircled{120}$だから，B１人だと，$\textcircled{120}$÷②＝**60**(時間)かかる。

ウ　【解き方】Cが行った合計の仕事量を求める。イをふまえる。

AとB２人で，③×28＝$\textcircled{84}$の仕事を行ったから，Cは$\textcircled{120}$－$\textcircled{84}$＝㊱の仕事を行った。よって，Cが仕事をしたのは，㊱÷③＝**12**(時間)

エ　【解き方】３日ごとにどのくらいの仕事量を行うかを調べる。イをふまえる。

１日目はBとCが，２日目はAとCが，３日目はAとBがそれぞれ２時間仕事を行うから，３日ごとに，
(②＋③＋①＋③＋①＋②)×２＝㉔の仕事をする。$\textcircled{120}$÷㉔＝５より，これを５回くり返せばちょうど仕事が終わるから，３×５＝**15**(日)かかる。

8　ア　２進数の1100を10進数で表すと，８×$\boxed{1}$＋４×$\boxed{1}$＋２×$\boxed{0}$＋１×$\boxed{0}$＝**12**

イ　９÷８＝１余り１より，９＝８×$\boxed{1}$＋４×$\boxed{0}$＋２×$\boxed{0}$＋１×$\boxed{1}$だから，10進数の９を２進数で表すと**1001**となる。

ウ　【解き方】２進数の８の位の次の位は，８×２＝16の位である。

２進数の10110を10進数で表すと，16×$\boxed{1}$＋８×$\boxed{0}$＋４×$\boxed{1}$＋２×$\boxed{1}$＋１×$\boxed{0}$＝**22**となる。

エ　【解き方１】一度10進数で表して計算してから，２進数に戻す。

２進数の1001と101は10進数でそれぞれ，８×$\boxed{1}$＋４×$\boxed{0}$＋２×$\boxed{0}$＋１×$\boxed{1}$＝９，４×$\boxed{1}$＋２×$\boxed{0}$＋１×$\boxed{1}$＝５を表すから，９＋５＝14を２進数で表す。14＝８×$\boxed{1}$＋４×$\boxed{1}$＋２×$\boxed{1}$＋１×$\boxed{0}$だから，２進数で表すと**1110**となる。

【解き方２】２進数のまま足し算する。２進数では２になると次の位にくり上がる。

1001＋101＝1102となるが，一の位が２になったので１つ上の位に１くり上がり，**1110**となる。

山梨学院中学校【一般】

《国　語》

【一】①創　②穀物　③済　④招待状　⑤復旧　⑥おさ　⑦のぞ　⑧じんあい
⑨じゅうにんといろ　⑩ぶつぞう

【二】問一．長年、こう　問二．R　問三．イ　問四．正解できるようになったの　問五．ｉ．ア　ⅱ．イ
問六．エ　問七．エ　問八．「ピー」という音はフィンであり、フィンは「⊥」で表せるから、「ピー」という音は「⊥」で表せるということ。　問九．イ　問十．水中にサカナ　問十一．ア

【三】問一．ウ　問二．A．ウ　B．イ　問三．イ　問四．「どんな子～いの気持ち　問五．三雲さんの気持ちをやわらげられなかったということ。　問六．同年代が集まる教室〔別解〕教室やクラスメート
問七．ウ　問八．ア　問九．エ　問十．自分はごく平凡な人間だと思っていたが、三雲さんの気持ちがなんとなく伝わってきたことに対して、みんながおどろいていたから。

【四】問一．①イ　②ア　③エ　④ウ　⑤オ　問二．①ウ　②イ　③イ　④ア　⑤ウ

《算　数》

1　ア．630　イ．18　ウ．$\frac{1}{6}$　エ．94　オ．$4\frac{7}{15}$

2　ア．26　イ．1.3　ウ．250　エ．70　オ．17

3　ア．8.82　イ．50.24　ウ．36.48

4　ア．190.53　イ．38.75　ウ．1526.04

5　ア．1500　イ．7，30　ウ．700

6　ア．49　イ．10番目…399　11番目…401　ウ．109　エ．58　オ．64000

7　ア．6660　イ．フリーパス券①／200　ウ．買わずに乗る／400　エ．5　オ．17

8　ア．24　イ．12　ウ．729　エ．6.76　オ．40320

山梨学院中学校【専願】

《国　語》

【一】①証書　②校舎　③承知　④勢　⑤筋　⑥りょうし　⑦れいせい　⑧しせつ　⑨こころ　⑩いた

【二】問一．A．イ　B．ウ　C．オ　問二．みさかいな　問三．イ，エ　問四．エ　問五．与えられた貴重
問六．Ⅰ．互いに、思いやりや優しさ、気遣い、愛を示すこと。　Ⅱ．自分の快適さや幸せだけを考え、他の人をいじめたり搾取したり、だれかが尊厳と自尊心をもって生きる権利を否定したりすることのない社会。
問七．える責任があります。　問八．ア，ウ　問九．どのような分野の活動であれ、それが社会全体の公益になるかぎり、その中で誰もが成長し、発達し、活躍できる機会が保障されていること。　問十．ウ
問十一．〈作文のポイント〉
・最初に自分の主張、立場を明確に決め、その内容に沿って書いていく。
・わかりやすい表現を心がける。自信のない表現や漢字は使わない。
さらにくわしい作文の書き方・作文例はこちら！→ https://kyoei-syuppan.net/mobile/files/sakupo.html

【三】問一．ガラスの色～がつかない　問二．他人の感情は、自然と同じで完全には制御できず、ある程度までしか予想がつかないので、状きょうに合わせて対処すればよいということ。　問三．⑴ウ　⑵イ　問四．ウ
問五．雨が降った　問六．祖父の言葉が、羽衣子にとって支えであった一方で、自分は特別な存在にならなければいけないというように、生き方をしばるものでもあった。　問七．イ　問八．わたしもま　問九．エ

【四】問一．①イ　②ウ　③カ　④エ　⑤ア　問二．［漢数字／意味］　①［二／カ］　②［四／エ］　③［一／イ］
④［三／オ］　⑤［千／ア］

《算　数》

1　ア．63　イ．1.2　ウ．$\frac{13}{42}$　エ．23　オ．0.98
2　ア．18　イ．61.5　ウ．2416　エ．90　オ．5
3　ア．16.64　イ．9.9　ウ．37.68
4　ア．145.2　イ．182.4　ウ．1：4
5　ア．1000　イ．2100　ウ．1175　エ．650
6　ア．22　イ．25　ウ．3500　エ．102
7　ア．60　イ．B　ウ．97.34
8　ア．80　イ．8，20　ウ．1040

1 ア 与式＝539＋91＝**630**

イ 与式＝456÷19－６＝24－６＝**18**

ウ 与式＝$\frac{49}{12}-\frac{3}{2}-\frac{1}{4}-\frac{13}{6}=\frac{49}{12}-\frac{18}{12}-\frac{3}{12}-\frac{26}{12}=\frac{2}{12}=\mathbf{\frac{1}{6}}$

エ 与式＝4.7×(15.5－4.2＋8.7)＝4.7×20＝**94**

オ 与式＝$4\frac{2}{3}-\frac{16}{5}\times(\frac{1}{4}+\frac{1}{8}-\frac{5}{16})=4\frac{2}{3}-\frac{16}{5}\times(\frac{4}{16}+\frac{2}{16}-\frac{5}{16})=4\frac{2}{3}-\frac{16}{5}\times\frac{1}{16}=4\frac{2}{3}-\frac{1}{5}=4\frac{10}{15}-\frac{3}{15}=\mathbf{4\frac{7}{15}}$

2 ア **【解き方】４の倍数のうち，200 以下の整数の個数から 100 未満の整数の個数を引けばよい。**

200÷４＝50 より，200 以下の４の倍数は 50 個ある。100÷４＝25 であり，100 は４の倍数だから，100 未満の４の倍数は 25－１＝24(個)ある。よって，100 以上 200 以下の４で割り切れる整数は 50－24＝**26**(個)ある。

イ 4.8ｍから，70 cm＝0.7ｍのひもを５本切り取った残りは 4.8－0.7×５＝**1.3**(ｍ)である。

ウ 全体の$\frac{2}{7}$を読み終わった残りは全体の $1-\frac{2}{7}=\frac{5}{7}$である。よって，残りのページ数は $350\times\frac{5}{7}=$**250**(ページ)

エ **【解き方】赤玉２個と青玉３個の重さと，赤玉２個と青玉５個の重さの差は，青玉２個の重さとなる。**

青玉２個の重さは 640－440＝200(ｇ)だから，青玉３個の重さは $200\times\frac{3}{2}=300$(ｇ)である。よって，赤玉１個の重さは(440－300)÷２＝**70**(ｇ)である。

オ **【解き方】つるかめ算を利用する。**

50ｇの重りが 30 個あるとすると，重さの合計は 50×30＝1500(ｇ)になり，実際より 1500－1245＝255(ｇ)重い。50ｇの重り１個を 35ｇの重り１個におきかえると，重さの合計は 50－35＝15(ｇ)軽くなるから，35ｇの重りの個数は，255÷15＝**17**(個)である。

3 ア 平行四辺形の面積は，(底辺)×(高さ)で求められるから，4.2×2.1＝**8.82**(cm²)

イ 求める長さは，直径８cmの円周の長さの$\frac{1}{2}$が４つ分だから，$8\times3.14\times\frac{1}{2}\times4=$**50.24**(cm)

ウ **【解き方】右の「葉っぱ型の図形の面積」を利用する。**

求める面積は，図の正方形の１辺の長さを８÷２＝４(cm)にしたときの葉っぱ型の面積４つ分である。よって，

４×４×0.57×４＝**36.48**(cm²)

葉っぱ型の図形の面積

右の斜線部分の面積は，

(円の$\frac{1}{4}$の面積)×２－(正方形の面積)＝

$(1\times1\times3.14\times\frac{1}{4})\times2-1\times1=0.57$ だから，

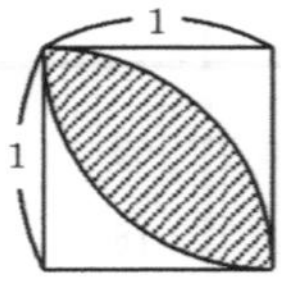

(葉っぱ型の面積)＝(正方形の面積)×0.57

4 ア 求める体積は，4.5×7.3×5.8＝**190.53**(cm³)

イ 三角柱を切り取る前の直方体の体積は，3.8×５×2.3＝43.7(cm³)

切り取った三角柱は，底面の直角を作る２辺の長さが 3.8－２＝1.8(cm)と５cmで，高さが 2.3－1.2＝1.1(cm)だから，体積は 1.8×５÷２×1.1＝4.95(cm³)

よって，求める体積は 43.7－4.95＝**38.75**(cm³)

ウ **【解き方】体積を求める立体と合同な立体を切断面に合わせて重ねると，右図のような円柱ができる。**

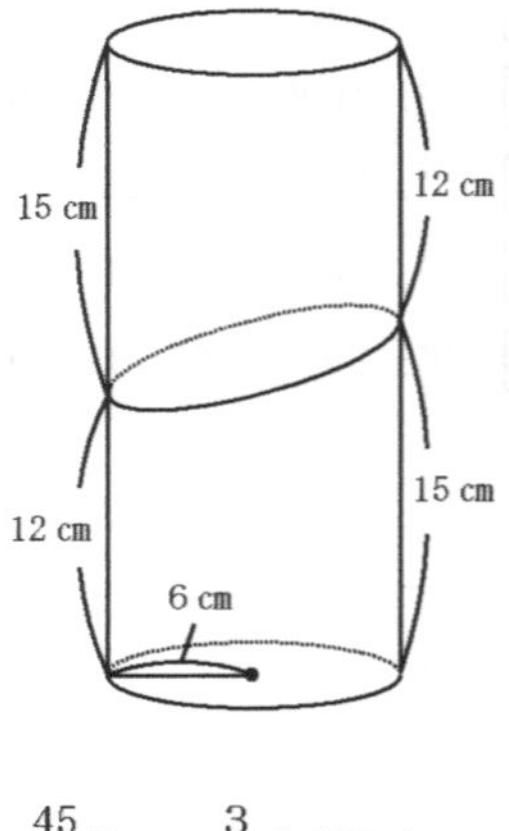

求める体積は，底面の半径が６cm，高さが 12＋15＝27(cm)の円柱の体積の$\frac{1}{2}$だから，$6\times6\times3.14\times27\times\frac{1}{2}=$**1526.04**(cm³)

5 ア 弟の速さは毎時 4.8 km＝毎分(4.8÷60×1000)ｍ＝毎分 80ｍである。18 分 45 秒＝$18\frac{45}{60}$分＝$18\frac{3}{4}$分だから，

家から学校までの道のりは，$80\times18\frac{3}{4}$＝**1500**(m)である。

イ　兄の速さは毎分200mだから，家から学校まで1500÷200＝7.5(分)，つまり，**7分30秒**かかる。

ウ　【解き方】兄が出発してから弟に追いつくまで，兄と弟の間の道のりは，１分間に200－80＝120(m)ずつちぢまることを利用する。

弟は出発して６分後，家から80×６＝480(m)離《はな》れたところにいる。よって，兄が出発してから480÷120＝４(分後)に兄は弟に追いつく。したがって，学校まであと1500－200×４＝**700**(m)のところで追いつく。

6　**ア**　奇数段目の真ん中の数は，１段目が１＝１×１，３段目が９＝３×３，５段目が25＝５×５となっているから，n段目ではn×nになる。よって，７段目の真ん中の数は７×７＝**49**である。

イ　【解き方】アの解説をふまえ，偶数段目の真ん中の数の規則性を考える。

偶数段目について，アと同様にその段の数を２回かけると，２段目は２×２＝４，４段目は４×４＝16となる。真ん中の数は，２段目が３と５，４段目が15と17だから，その段の数を２回かけた数の１小さい数と１大きい数になるとわかる。よって，20×20＝400より，20段目の10番目の数は400－１＝**399**，11番目の数は400＋１＝**401**である。

ウ　【解き方】10段目の真ん中の数(左から５番目と６番目)のうち，６番目の数を求めて考える。

イの解説をふまえる。n段目ではn個の連続する奇数が並ぶ。10段目の左から６番目の数は，10×10＋１＝101だから，１番右に並ぶ数は101＋２×(10－６)＝**109**である。

エ　【解き方】n段目の１番右の数は，１番左の数に２×(n－１)を足した数である。例えば，３段目の１番左の数７に２×(３－１)＝４を足すと，１番右の数11になる。

30段目の１番右の数は，１番左の数より２×(30－１)＝58だけ大きい数だから，求める差は**58**である。

オ　【解き方】40段目の１番左と１番右の数を求め，連続する40個の奇数の和を計算する。

40÷２＝20より，左から20番目の数は40×40－１＝1599，21番目の数は1599＋２＝1601である。よって，１番左の数は1599－２×(20－１)＝1599－38＝1561，１番右の数は1601＋38＝1639とわかる。1561から1639までの連続する奇数の列を２つ使って右のような筆算が書けるから，40段目に並ぶ40個の奇数の和は，$\frac{3200\times40}{2}$＝**64000**である。

$$\begin{array}{rr} & 1561+1563+\cdots\cdots+1639 \\ +) & 1639+1637+\cdots\cdots+1561 \\ \hline & 3200+3200+\cdots\cdots+3200 \end{array}$$

7　**ア**　中学生のフリーパス券の金額は大人のフリーパス券の１－0.1＝0.9(倍)の金額である。よって，大人のフリーパス券①の金額は5994÷0.9＝**6660**(円)である。

イ　フリーパス券①は18時－９時＝９時間使えるので，１時間当たりでは6660÷９＝740(円)と考えられる。フリーパス券②は18時－13時＝５時間使えるので，１時間当たりでは4700÷５＝940(円)と考えられる。よって，**フリーパス券①**の方が940－740＝**200**(円)安い。

ウ　A，B，Cに１つずつ乗るときの金額の合計は2000＋1500＋800＝4300(円)である。よって，**フリーパス券②を買わずに乗る**方が4700－4300＝**400**(円)安い。

エ　【解き方】まきさんが遊園地に居られる時間のうち，必ずかかる時間を引いて考える。Cタイプのアトラクションに乗る回数が最大となるとき，Cタイプのアトラクションは１種類のみ乗り続ければよい。

遊園地に居られる時間は18時－９時30分＝８時間30分間＝(８×60＋30)分間＝510分間である。このうち，Aタイプのアトラクション，飲食店，土産店，出口に行くのにかかる時間，その場で過ごす時間，待ち時間の合計は，(５＋10＋２×60)＋(５＋60)＋(５＋60)＋５＝270(分間)だから，残りの時間は510－270＝240(分間)である。

Cタイプのアトラクションに行くのにかかる時間は５分間であり，移動せず同じアトラクションに乗り続けると，待ち時間と乗っている時間の合計は30＋10＝40(分間)だから，(240－5)÷40＝5.875より，最大で**5**回乗れる。

オ　25人分のフリーパス券を団体料金で買うときの金額の合計は，3900×25＝97500(円)である。97500円では5994円のフリーパス券①が97500÷5994＝16.2…より，最大16枚買えるから，16＋1＝**17**(人)以上で団体料金の方が安くなる。

8　**ア**　0715を並びかえるとき，千の位の数の決め方は0をふくめて4通り，その4通りそれぞれに対して百の位の決め方は3通り，同様に十の位は2通り，一の位は1通りだから，全部で4×3×2×1＝**24**(通り)ある。

イ　アの解説をふまえる。4つの数を並べてできる24通りの数のうち，2つの2を入れかえてできる数は同じものとして考えるから，全部で24÷2＝**12**(通り)ある。

ウ　3桁《けた》の数字で1から9までの数字を使う場合，百，十，一の位それぞれに1～9の9通りが考えられるから，組み合わせは全部で9×9×9＝**729**(通り)ある。

エ　千の位，百の位の決め方はそれぞれ26通り，十の位，一の位の決め方はそれぞれ10通りとしたときに考えられる組み合わせは10000通りのときの$\frac{26\times26\times10\times10}{10000}$＝**6.76**(倍)になる。

オ　Rina0715の8桁のアルファベットと数字の中に同じものは1つもふくまれないので，アと同様に考えればよい。よって，8×7×6×5×4×3×2×1＝**40320**(通り)ある。

1 ア　与式＝67－４＝**63**

イ　与式＝1.8×1.5－1.5＝(1.8－１)×1.5＝0.8×1.5＝**1.2**

ウ　与式＝$\frac{8}{3}-\frac{12}{7}-\frac{9}{14}=\frac{112}{42}-\frac{72}{42}-\frac{27}{42}=\mathbf{\frac{13}{42}}$

エ　与式＝2.3×(16－7.5＋1.5)＝2.3×10＝**23**

オ　与式＝1.2÷(15.1－12.6)×3.5－0.7＝1.2÷2.5×3.5－0.7＝1.68－0.7＝**0.98**

2 ア　求める速さは，1.2÷４×60＝**18**(分)

イ　**【解き方】(平均点)×(人数)＝(合計点)となる。**

全員の平均点は60点だから，全員の合計点は60×31＝1860(点)である。また，男子の平均点は58.4点だから，男子の合計点は58.4×15＝876(点)である。よって，女子の平均点は(1860－876)÷16＝**61.5**(点)

ウ　２割引きの値段はもとの値段の１－0.2＝0.8(倍)である。よって，求める値段は3020×0.8＝**2416**(円)

エ　２つの数の最小公倍数を求めるときは，右の筆算のように割り切れる数で次々に割っていき，割った数と割られた結果残った数をすべてかけあわせればよい。よって，求める最小公倍数は，３×３×２×５＝**90**

```
3 ) 18  45
3 )  6  15
     2   5
```

オ　**【解き方】つるかめ算を利用する。**

えんぴつを20本買ったとすると，合計金額は40×20＝800(円)になり，実際より975－800＝175(円)安くなる。えんぴつ１本をボールペン１本におきかえると，合計金額は75－40＝35(円)高くなるから，買ったボールペンの本数は，175÷35＝**5**(本)である。

3 ア　台形の面積は{(上底)＋(下底)}×(高さ)÷２で求められるから，(４＋6.4)×3.2÷２＝**16.64**(㎠)

イ　**【解き方】上底と下底がそれぞれ3.3㎝，3.3＋2.2＝5.5(㎝)，高さが３＋１＝４(㎝)の台形から，２つの三角形の面積の和を引いて求める。**

求める面積は，(3.3＋5.5)×４÷２－{(3.3×３÷２)＋(１×5.5÷２)}＝17.6－7.7＝**9.9**(㎠)

ウ　**【解き方】かげのついた部分の面積は，半径４÷２＝２(㎝)の円の面積４つ分から，半径２㎝の円の面積の$\frac{1}{4}$を４つ分引いた値《あたい》である。**

求める面積は，２×２×3.14×４－２×２×3.14×$\frac{1}{4}$×４＝２×２×3.14×(４－１)＝**37.68**(㎠)

4 ア　求める体積は，5.5×8.8÷２×６＝**145.2**(㎤)

イ　**【解き方】正方形の面積は(対角線の長さ)×(対角線の長さ)÷２で求められることを利用する。**

直方体を取り除く前の円柱の体積は，４×４×3.14×10＝502.4(㎤)，直方体の体積は８×８÷２×10＝320(㎤)である。よって，求める体積は，502.4－320＝**182.4**(㎤)

ウ　**【解き方】１個の立方体が持つ面の数は６個だから，125個の立方体の面の数は６×125＝750(個)ある。**

125個の立方体に分けたときの黒い面の数は，５×５×６＝150(個)である。125個の立方体のすべての面の面積は等しいから，黒い面と白い面の面積の比は，150：(750－150)＝**１：４**である。

5 ア　**【解き方】毎月1700円ずつ使用したとき，使用した金額の合計は1700×３＝5100(円)，毎月1350円ずつ使用したとき，使用した金額の合計は1350×６＝8100(円)である。**

６－３＝３(か月)でもらったお金は，8100－5100＝3000(円)である。よって，毎月もらうお金は3000÷３＝**1000**(円)

イ　アの解説をふまえる。もともと貯金していたお金は，5100－1000×３＝**2100**(円)

ウ　貯金していたお金と，1年でもらうお金の合計は 2100＋1000×12＝14100(円)である。よって，1年間でお金がなくなるとき，毎月使ったお金は 14100÷12＝**1175**(円)

エ　【解き方】1年後に残しておきたいお金は 2100×3＝6300(円)である。よって，最初の貯金ともらうお金の合計金額から，6300 円を引いた値が1年で使える金額となる。

1年で使える金額は 14100－6300＝7800(円)だから，毎月使うことができるお金は 7800÷12＝**650**(円)

6　**ア　【解き方】必要な紙の枚数は，1番目が6枚，2番目は10枚，3番目は14枚，…となり，4枚ずつ増える。**

5番目の枠《わく》に使う紙の枚数は，3番目の枠に使う紙の枚数より，4×2＝8(枚)多いから 14＋8＝**22**(枚)である。

イ　1番目の枠に使う紙は6枚だから，紙が 102 枚使われているのは，(102－6)÷4＝24 より，1＋24＝**25**(番目)の枠である。

ウ　【解き方】1番目から5番目の枠に使われている紙の総数を求める。

アの解説をふまえる。4番目の枠の紙の枚数は 14＋4＝18(枚)であり，長方形の紙1枚あたりの面積は 5×10＝50(㎠)だから，求める面積は 50×(6＋10＋14＋18＋22)＝**3500**(㎠)である。

エ　【解き方】100番目の枠に使われている紙の枚数は，6＋4×99＝402(枚)だから，1番目から100番目までの枠に使われている紙の枚数の合計は，6＋10＋14＋…＋402 となり，6から402までの4ずつ増える連続する数の和である。

6から402まで4ずつ増える連続する100個の整数の列を2つ使って右のような筆算が書けるから，6から402までの4ずつ増える連続する整数の和は，

$$\begin{array}{rl} & 6+10+14+\cdots\cdots+402 \\ +) & 402+398+394+\cdots\cdots+6 \\ \hline & 408+408+408+\cdots\cdots+408 \end{array}$$

$\frac{408\times100}{2}$＝20400 である。よって，紙の面積の合計は 50×20400＝1020000(㎠)より，1020000÷(100×100)＝**102**(㎡)である。

7　**ア　【解き方】台形ＰＱＲＳの面積は三角形ＡＢＣの面積の何倍かを考える。形が同じで大きさが異なる三角形の辺の長さの比がａ：ｂのとき，面積の比は(ａ×ａ)：(ｂ×ｂ)となることを利用する。**

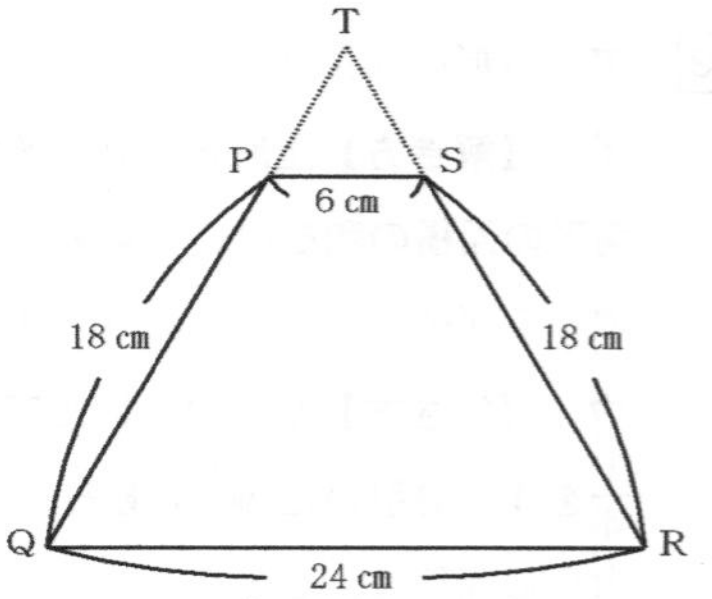

右図のように，ＱＰとＲＳを延長して交わる点をＴとする。ＰＳとＱＲは平行だから，三角形ＴＱＲと三角形ＴＰＳは形が同じで大きさが異なる三角形である。よって，ＴＰ：ＴＱ＝ＰＳ：ＱＲ＝1：4

ＴＰ：ＰＱ＝1：(4－1)＝1：3より，ＴＰ＝$\frac{1}{3}$ＰＱ＝$\frac{1}{3}$×18＝6(cm)だから，三角形ＴＰＳは1辺の長さが6cmの正三角形，三角形ＴＱＲは1辺の長さが24cmの正三角形だとわかる。また，6，18，24はすべて3を約数にもつので，台形ＰＱＲＳや正三角形ＴＱＲの中に正三角形ＡＢＣを過不足なく敷き詰めることが出来る。正三角形ＡＢＣと正三角形ＴＰＳの辺の長さの比は3：6＝1：2より，面積の比は(1×1)：(2×2)＝1：4である。同様にして，正三角形ＡＢＣの面積と正三角形ＴＱＲの辺の長さの比は3：24＝1：8だから，面積の比は1：64である。よって，台形ＰＱＲＳの面積は正三角形ＡＢＣの$\frac{64-4}{1}$＝60(倍)だから，求める正三角形の個数は**60**個である。

イ　【解き方】図2のように正三角形ＡＢＣの1辺が台形ＰＱＲＳの1辺と重なっている状態から，正三角形ＡＢＣが転がって，再び2つの図形の1辺が重なることを1回転がるとする。正三角形ＡＢＣはＰＱ＋ＱＲ－3＝18＋24－3＝39(cm)の道のりを何回転がれば1つの頂点がＲと重なるのかを考える。

正三角形ＡＢＣは1回転がるごとに3cmずつＲに近づく。よって，39÷3＝13(回)転がれば，正三角形ＡＢＣの1つの頂点がＲと重なる。3点Ａ，Ｂ，Ｃのうち台形ＰＱＲＳの辺上にあり，Ｒに近い方の位置にある点は図2の

状態から，C→B→A→C→…と３回転がるごとにもとの点と同じ点になる。よって，13÷３＝４余り１より，図２の状態から２回転がったときに台形ＰＱＲＳの辺上にあり，Ｒに近い方の位置にある点がＲと重なる点だから，Ｒに重なる頂点は**Ｂ**である。

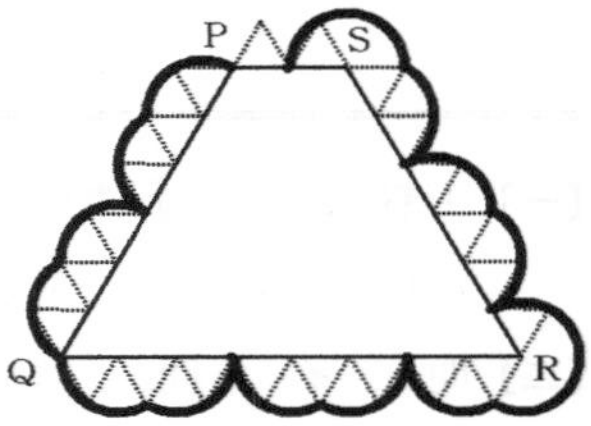

ウ　【解き方】正三角形ＡＢＣが台形ＰＱＲＳの辺上を動くとき，Ａは右図の太線部のように移動していく。正三角形ＡＢＣが台形の同じ辺の上を移動するとき，Ａは反時計回りに120°ずつ移動する。

右図より，正三角形ＡＢＣが台形の同じ辺上を移動するときの道のりは，

$3\times2\times3.14\times\frac{120^\circ}{360^\circ}\times12=24\times3.14$(cm)

ＰＱ上からＱＲ上に移動するとき，ＡはＱと重なるから動かない。

ＱＲ上からＲＳ上に移動するとき，Ａは360°－60°×２＝240°回転移動するから，移動する道のりは

$3\times2\times3.14\times\frac{240^\circ}{360^\circ}=4\times3.14$(cm)

ＲＳ上からＳＰ上に移動するとき，Ａは180°回転移動するから，移動する道のりは$3\times2\times3.14\times\frac{180^\circ}{360^\circ}=3\times3.14$(cm)

したがって，求める長さは24×3.14＋４×3.14＋３×3.14＝(24＋４＋３)×3.14＝**97.34**(cm)

8　**ア**　さくらさんは８時25分－８時＝25分で２km＝2000mを歩くから，求める速さは2000÷25＝80より，毎分**80**m

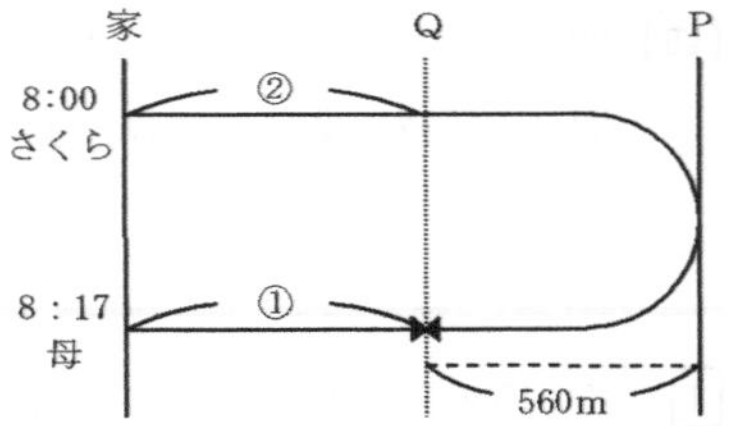

イ　【解き方】さくらさんが忘れ物に気づいた地点をＰ，お母さんと出会った地点をＱとする。さくらさんとお母さんが同じ道のりを進むのにかかる時間の比は，25：12.5＝２：１だから，お母さんが家からＱまでにかかる時間を①とすると，さくらさんの家からＱまでにかかる時間は②と表せる。

さくらさんは８時に出発し，Ｐに到着《とうちゃく》した後Ｑに戻ってくるのに②＋560×２÷80＝②＋14(分)かかる。

お母さんは８時17分に家を出発し，Ｑまで①分かかるので，８時から(①＋17)分後にＱに着く。

よって，②＋14＝①＋17　②－①＝17－14　①＝３(分)となる。したがって，２人が出会ったのは，８時17分＋３分＝**8**時**20**分である。

ウ　⑵の解説をふまえる。②＝３×２＝６(分)であり，さくらさんが家からＰまで移動した道のりを求めればよいから，80×６＋560＝**1040**(m)である。

2022 解答例 令和４年度 ★山梨学院中学校【一般】

《国　語》

【一】①看板　②穀物　③降　④恩人　⑤延期　⑥つくえ　⑦おのれ　⑧ようさん
⑨しゅうきょう　⑩わす

【二】問一．イ　問二．「あれれ？これでは主　問三．ア　問四．ウ　問五．このロボットの〈弱さ
問六．エ　問七．エ　問八．めに一役買っている。　問九．ウ　問十．イ　問十一．イ
問十二．障害物　問十三．プランをた～たロボット　問十四．(例文)私は、周りにあるモノや制約を生かして臨機応変に動くお掃除ロボットのほうがスマートで、人間との共生に向いていると考える。

【三】問一．母さんが亡くなる前のこと。　問二．母さんが亡　問三．なつかしい
問四．辺り／ひと／顔／みんな　問五．自分が不思議と彼女に惹かれ、なつかしさを感じるのは、母さんとどことなく似ているためだとわかったから。　問六．エ　問七．小説に出てくる母親に、亡くなった母さんを重ねてしまうから。　問八．ウ　問九．ア，エ　問十．イ　問十一．イ→ウ→ア
問十二．見守ってくれている母さんを心配させないように、前を向いてがんばろうと決意する。

【四】問一．①おっしゃった　②うかがう　③いただきます　④です〔別解〕でございます　⑤拝見する
問二．①ウ　②イ　③カ　④エ　⑤ア

《算　数》

1 ア．1566　イ．25　ウ．9.9　エ．$1\frac{2}{3}$　オ．561.9

2 ア．21.8　イ．144　ウ．36　エ．1，40　オ．99番目…△　100番目…×　カ．6

3 ア．17.42　イ．6.28　ウ．6.88

4 ア．1570　イ．3.14　ウ．203

5 ア．21　イ．《4，8》　ウ．《49，2》

6 ア．9　イ．12　ウ．5

7 ア．580　イ．54　ウ．6

8 ア．240　イ．90　ウ．3

★山梨学院中学校【専願】

《国　語》

【一】①捨　②承知　③郷土　④発展　⑤内閣　⑥きぬ　⑦ぞ　⑧ちょめい　⑨かし　⑩したが

【二】問一．大阪の南部には大きなクスノキがあり、その影は、海の向こうの淡路島を覆い隠すほどだったという

問二．イ　問三．A．エ　B．オ　C．ア　問四．間接　問五．管の中を真空にし、外気の圧力によって水を押し上げる方法。　問六．一〇メートル以上の木がどのように水を引き上げるかということ。

問七．ウ　問八．a．蒸散　b．水　c．水　問九．エ　問十．五字…大気の圧力　二字…蒸散

問十一．ウ，エ

【三】問一．話していてもどこかぎこちない気配　問二．話すことがかえって悲　問三．お別れまでの短い期間に、悲しみと向き合うことからにげずに、すずちゃんと本当の気持ちを伝え合うこと。　問四．ア

問五．お祭りにすずちゃんがくるかどうかわからず、もしこなかったら、二人でじっくりと話す機会がなくなると思っているから。　問六．手紙をちゃんと封筒に入れて渡したいと思ったこと。　問七．下駄を～ながら

問八．⑧関心　⑩移　問九．ウ

【四】問一．［漢字／意味］　①［足／ウ］　②［顔／イ］　③［頭／エ］　④［首／オ］　⑤［指／ア］

問二．①エ　②オ　③ウ　④イ　⑤ア

《算　数》

1　ア．88　イ．13.8　ウ．$4\frac{2}{3}$　エ．30　オ．$1\frac{1}{12}$

2　ア．30　イ．25　ウ．138　エ．10　オ．13

3　ア．540　イ．157　ウ．100

4　ア．6830　イ．678.24

5　ア．B　イ．46　ウ．F／337　エ．800

6　ア．3　イ．10　ウ．26　エ．右グラフ

7　ア．午前11，35　イ．30　ウ．5，21，午後8　エ．540

8　ア．200　イ．465　ウ．4.185　エ．360

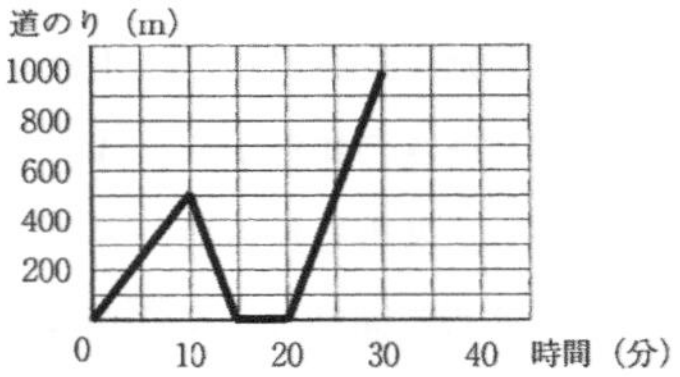

←解答例は前のページにありますので，そちらをご覧ください。

1 イ　与式＝５＋20＝25　　ウ　与式＝8.7＋(16.8－7.2)－8.4＝8.7＋9.6－8.4＝9.9

エ　与式$=\frac{5}{2}-(\frac{7}{4}-\frac{2}{3})\div\frac{13}{10}=\frac{5}{2}-(\frac{21}{12}-\frac{8}{12})\times\frac{10}{13}=\frac{5}{2}-\frac{13}{12}\times\frac{10}{13}=\frac{15}{6}-\frac{5}{6}=\frac{10}{6}=\frac{5}{3}=1\frac{2}{3}$

オ　93.4から93.9までの６つの連続する数の和の２倍は，右の筆算より，187.3×６となるから，93.4から93.9までの連続する数の和は，$\frac{187.3\times 6}{2}$＝561.9

```
   93.4+93.5+…+93.9
+) 93.9+93.8+…+93.4
 187.3+187.3+…+187.3
```

2 ア　月～金の５日間で合わせて23＋18＋19＋27＋22＝109(個)の商品を作ったので，１日あたり，109÷５＝21.8(個)の商品を作った。

イ　２つの数の最小公倍数を求めるときは，右の筆算のように割り切れる数で次々に割っていき，割った数と割られた結果残った数をすべてかけあわせればよい。よって，48と36の最小公倍数は，２×２×３×４×３＝144

```
2) 48  36
2) 24  18
3) 12   9
    4   3
```

ウ　クラス全体の75％$=\frac{75}{100}=\frac{3}{4}$が27人なので，クラス全体の人数は，$27\div\frac{3}{4}$＝36(人)

エ　求める時間は，$115\div 69=\frac{5}{3}=1\frac{2}{3}$(時間)，つまり，１時間($\frac{2}{3}\times 60$)分＝１時間40分

オ　**【解き方】「○，△，△，×，○，×」の６つの記号の並びをくり返している。**

100÷６＝16余り４より，100番目までに６つの記号が16回くり返され，その後に○，△，△，×と並ぶから，99番目の記号は△，100番目の記号は×である。

カ　**【解き方】つるかめ算を用いる。**

プリンを10個買うと，代金の合計が150×10＝1500(円)となり，実際より2100－1500＝600(円)安くなる。プリン１個をケーキ１個に置きかえると，代金の合計は250－150＝100(円)高くなるので，ケーキは600÷100＝６(個)買った。

3 ア　**【解き方】直線部分と曲線部分にわけて考える。**

図の三角形は，３つの角が90°，45°，45°なので，直角を挟《はさ》む２辺の長さが８cmの直角二等辺三角形である。

②の部分の周りの長さのうち，直線部分の長さの和は，(８－４)×２＝８(cm)

曲線部分の長さの和は，半径が４cm，中心角が45°のおうぎ形と，半径が８cm，中心角が45°のおうぎ形の曲線部分の長さの和だから，$4\times 2\times 3.14\times\frac{45°}{360°}+8\times 2\times 3.14\times\frac{45°}{360°}=(1+2)\times 3.14=9.42$(cm)

よって，求める長さは，８＋9.42＝17.42(cm)

イ　求める面積は，半径が４cm，中心角が45°のおうぎ形の面積だから，$4\times 4\times 3.14\times\frac{45°}{360°}=6.28$(㎠)

ウ　求める面積は，直角を挟む２辺の長さが８cmの直角二等辺三角形の面積から，半径が８cm，中心角が45°のおうぎ形の面積をひけばよいので，$8\times 8\div 2-8\times 8\times 3.14\times\frac{45°}{360°}=32-25.12=6.88$(㎠)

4 ア　底面積が10×10×3.14＝314(㎠)，高さが５cmだから，体積は，314×５＝1570(㎤)

イ　Ｂ２個の体積の合計は，1570×２＝3140(㎤)

Ａの底面積は25×40＝1000(㎠)だから，水の高さは3140÷1000＝3.14(cm)上がる。

ウ　**【解き方】(Ａの水が入っていない部分の体積)÷(Ｃの体積)で求められる。**

Ａの水が入っていない部分は，底面積が1000㎠，高さが30－17＝13(cm)だから，体積は，1000×13＝13000(㎤)

Ｃの体積は４×４×４＝64(㎤)だから，13000÷64＝203余り８より，最大203個まで入れることが出来る。

5 ア　表に《5，1》まで続きをかきこむと右表のようになるので，《5，5》＝21

	1列目	2列目	3列目	4列目	5列目	・
1番目	1	4	9	16	25	
2番目	2	3	8	15	24	
3番目	5	6	7	14	23	
4番目	10	11	12	13	22	
5番目	17	18	19	20	21	
・						

イ　【解き方】1番目の数に注目すると，《1，1》＝1，《2，1》＝4＝2×2，《3，1》＝9＝3×3，《4，1》＝16＝4×4，…となっている。

また，《p，1》より1大きい数は《1，p＋1》である。

n番目の数は，1列目の数が最も小さく，そこからn列目まで1ずつ大きくなる。

m列目の数は，1番目の数が最も大きく，そこからm番目まで1ずつ小さくなる。

7×7＝49，8×8＝64より，《7，1》＝49だから，《1，8》＝50

53は50より3大きいから，《1＋3，8》＝《4，8》と表される。

ウ　イをふまえる。50×50＝2500，49×49＝2401より，《49，1》＝2401

2400は2401より1小さいから，《49，1＋1》＝《49，2》と表される。

6 ア　**【解き方】ある製品を1個作るのに必要な仕事の量を，30と20と15の最小公倍数である60とする。**

1日あたりの仕事の量は，A1人が60÷30＝2，B1人が60÷20＝3，C1人が60÷15＝4である。3人が60日仕事すると，仕事の量の合計は(2＋3＋4)×60＝540になるので，540÷60＝9(個)の製品を作ることができる。

イ　A，B2人の1人あたりの仕事の量の合計は2＋3＝5だから，求める日数は，60÷5＝12(日)

ウ　A，B2人が8日間作業したあとの残りの仕事の量は60－5×8＝20だから，求める日数は，20÷4＝5(日)

7 ア　**【解き方】電車Aが鉄橋をわたり始めてからわたり終えるまでに進む道のりは，(鉄橋の長さ)＋(電車Aの長さ)である(右図参照)。**

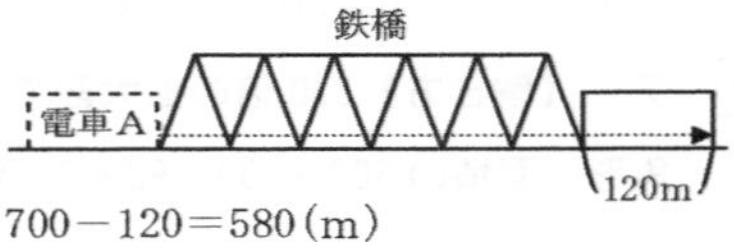

電車Aは35秒＝$\frac{35}{60}$分＝$\frac{7}{12}$分で1200×$\frac{7}{12}$＝700(m)進むので，鉄橋の長さは，700－120＝580(m)

イ　**【解き方】電車Bが電車Aに追いついてから追いこすまでに，電車Bは電車Aより(電車Aの長さ)＋(電車Bの長さ)だけ多く進む(図i参照)。**

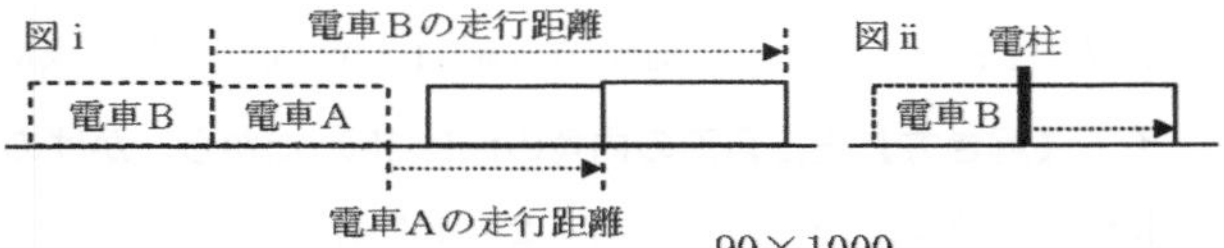

電車Aの速さは毎分1200m＝毎秒$\frac{1200}{60}$m＝毎秒20m，電車Bの速さは毎時90km＝毎秒$\frac{90\times1000}{60\times60}$m＝毎秒25m

よって，電車Aと電車Bの速さの差は，毎秒(25－20)m＝毎秒5mである。

電車Bが電柱の前を通り過ぎるまでに進む道のりは，電車Bの長さに等しく(図ii参照)，25×6＝150(m)

(電車Aの長さ)＋(電車Bの長さ)＝120＋150＝270(m)だから，求める時間は，270÷5＝54(秒)

ウ　**【解き方】出会ってからはなれるまでに電車A，Bが進む道のりの和は，(電車Aの長さ)＋(電車Bの長さ)である(右図参照)。**

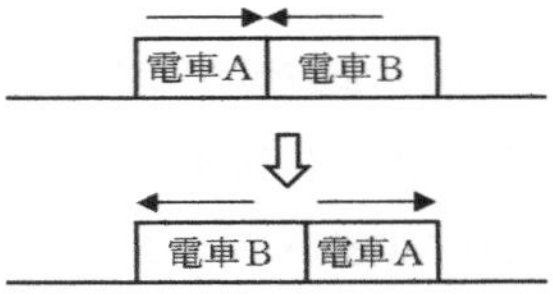

速さの和は毎秒(20＋25)m＝毎秒45mだから，求める時間は，270÷45＝6(秒)

8 ア　**【解き方】先生のバスの乗車についての発言から考える。**

1台に35人ずつ乗ると，最後のバスだけは30人乗ることになり，1台に乗る人数を40－35＝5(人)増やすと，最後のバスに乗った30人がちょうど他のバスに乗ることができるから，必要なバスは30÷5＝6(台)になる。

よって，校外学習に参加する生徒の人数は，40×6＝240(人)

イ　**【解き方】休憩時間を除くと，移動時間は1時間50分－25分＝1時間25分だから，普通の道路を走る時間の合計は，1時間25分－50分＝35分である。**

35分＝$\frac{35}{60}$時間＝$\frac{7}{12}$時間，50分＝$\frac{50}{60}$時間＝$\frac{5}{6}$時間だから，学校から水族館までは，およそ40×$\frac{7}{12}$＋80×$\frac{5}{6}$＝90(km)

ウ　小人の入館料は，普通の入館料より団体の入館料の方が1950－1365＝585(円)安いから，普通の入館料の$\frac{585}{1950}$×10＝3(割)引いている。

2022 算数解説 ▶ 山梨学院中学校【専願】

令和4年度

1 ア　与式$=105-17=88$

イ　与式$=7\times2.6-4.4=18.2-4.4=13.8$

ウ　与式$=6\frac{13}{12}-3\frac{8}{12}+1\frac{3}{12}=4\frac{8}{12}=4\frac{2}{3}$

エ　与式$=1.5\times(28.5-12.7+4.2)=1.5\times20=30$

オ　与式$=\frac{9}{4}-\frac{4}{3}\div\frac{4}{5}+\frac{1}{2}=\frac{9}{4}-\frac{4}{3}\times\frac{5}{4}+\frac{1}{2}=\frac{9}{4}-\frac{5}{3}+\frac{1}{2}=\frac{27}{12}-\frac{20}{12}+\frac{6}{12}=\frac{13}{12}=1\frac{1}{12}$

2 ア　最大公約数を求めるときは，右の筆算のように割り切れる数で次々に割っていき，割った数をすべてかけあわせればよい。よって，150 と 360 の最大公約数は，$2\times3\times5=30$

```
2) 150  360
3)  75  180
5)  25   60
     5   12
```

イ　2km＝2000mだから，求める時間は，$2000\div80=25$(分)

ウ　今日の利用者は，$150\times(1-0.08)=138$(人)

エ　**【解き方】右のように表にまとめて考える(○は好き，×は好きでないを表す)。**

㋐$=30-19=11$，㋑$=11-3=8$，㋒$=18-8=10$ だから，

国語も算数も好きな人は 10 人いる。

		算数 ○	算数 ×	合計
国語	○	㋒		19
国語	×	㋑	3	㋐
合計		18		30

オ　**【解き方】つるかめ算を用いる。**

りんごを 18 個買うと，代金の合計が $100\times18=1800$(円)となり，実際より $2580-1800=780$(円)安くなる。りんご1個をもも1個に置きかえると，代金の合計は $160-100=60$(円)高くなるので，ももは $780\div60=13$(個)買った。

3 ア　**【解き方】300 倍の拡大図でかかれた直角三角形は，それぞれの辺が 300 倍されるので，面積はもとの直角三角形の面積の $300\times300=90000$(倍)になる。**

もとの直角三角形の面積は $15\times8\div2=60$(cm²)だから，拡大した直角三角形の面積は，$60\times90000=5400000$(cm²)

1m²＝1m×1m＝100cm×100cm＝10000cm²だから，求める面積は，$\frac{5400000}{10000}=540$(m²)

イ　**【解き方】正三角形の内角の和は 180°だから，かげのついた部分を合わせると，半径が 10cmの半円ができる。**

求める面積は，$10\times10\times3.14\div2=157$(cm²)

ウ　**【解き方】4つの円の中心を結び，右図のようにかげのついた部分を面積を変えずに移動させる。**

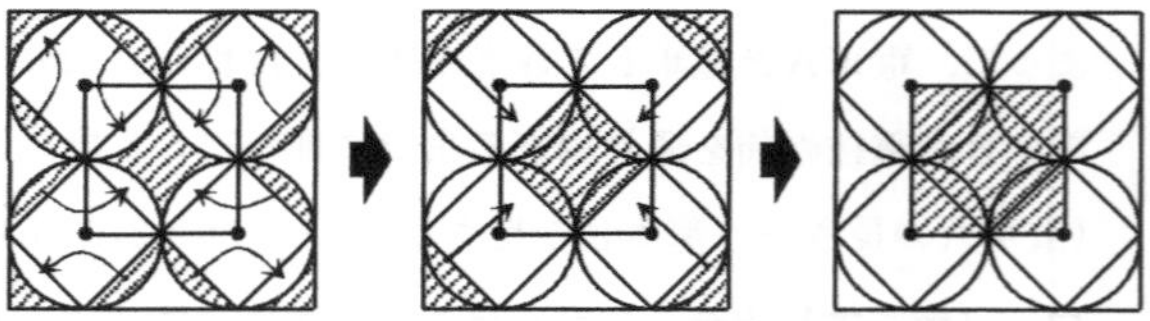

4つの円の直径は $20\div2=10$(cm)，半径は $10\div2=5$(cm)だから，求める面積は，1辺の長さが $5\times2=10$(cm)の正方形の面積に等しく，$10\times10=100$(cm²)

4 ア　求める体積は，底面が上底 20cm，下底 40cm，高さ 20cmの台形で，高さが 14cmの四角柱の体積から，底面の半径が $10\div2=5$(cm)，高さが 20cmの円柱の体積をひけばよいので，

$\{(20+40)\times20\div2\}\times14-5\times5\times3.14\times20=8400-1570=6830$(cm³)

イ　Bの容積は $6\times6\times3.14\times18=648\times3.14$(cm³)だから，Aの容積は，$648\times3.14\div3=216\times3.14=678.24$(cm³)

5 ア　**【解き方】点A，B，C，D，E，Fに並ぶ数はそれぞれ，6で割ったときの余りが1，2，3，4，5，0となる(Fは6で割り切れる)。**

$20\div6=3$余り2より，20は点Bに並ぶ。

イ　点Dに並ぶ数は4から始まり，6ずつ増えているから，点Dの8番目に並ぶ数は，$4+6\times(8-1)=46$

ウ　$2022\div6=337$ より，2022 は点Fに並ぶ。点Fには連続する6の倍数が並ぶから，$2022=6\times337$ より，2022 は点Fの 337 番目に並ぶ。

エ　【解き方】100÷６＝16余り４より，100＝４＋６×16だから，100は点Ｄの17番目の数である。

１から100までの数を並べると，点Ｅには１番目から16番目まで並ぶ。

点Ｅの16番目に並ぶ数は５＋６×(16－１)＝95であり，点Ｅに並ぶ数の合計の２倍は，右の筆算より，100×16となるから，点Ｅに並ぶ数の合計は，$\frac{100\times16}{2}=800$

$$\begin{array}{rl} & 5+11+17+\cdots\cdots+95 \\ +) & 95+89+83+\cdots\cdots+5 \\ \hline & 100+100+100+\cdots\cdots+100 \end{array}$$

6　ア　１kmの道のりを20分＝$\frac{20}{60}$時間＝$\frac{1}{3}$時間で進むので，太郎くんの歩く速さは，毎時$(1\div\frac{1}{3})$km＝毎時３km

イ　【解き方】太郎くんの歩くときと走るときの速さの比は１：２だから，同じ距離を進むのにかかる時間の比はこの逆比の２：１となる。

忘れ物に気が付くまで歩いていた時間は20÷２＝10(分)なので，そこから家に戻るまでの時間は，$10\times\frac{1}{2}=5$(分)

家で忘れ物をとるのに５分かかり，家から学校までは走って$20\times\frac{1}{2}=10$(分)で着くので，最初に家を出てから，10＋５＋５＋10＝30(分)で学校に着く。よって，いつもより30－20＝10(分)おくれて学校に着いた。

ウ　花子さんは家から学校までの１km＝1000mの道のりを1000÷250＝４(分)で進むから，太郎くんが最初に家を出てから30－４＝26(分後)に家を出た。

エ　最初に家を出てから忘れ物に気が付いたのは，家を出てから10分後の，家から1000÷２＝500(m)はなれた地点である。家に戻ったのは10＋５＝15(分後)，再び家を出るのは15＋５＝20(分後)である。学校に着くのは30分後だから，グラフは点(０分，０m)(10分，500m)(15分，０m)(20分，０m)(30分，1000m)を直線で結べばよい。

7　ア　５月１日の正午から５月31日の正午までに，Ｂは$40\times\frac{5}{3+5}=25$(分)おくれるから，５月31日の正午は，Ｂは正午－25分＝午前11時35分になっている。

イ　５月１日の正午から５月31日の正午までの31－１＝30(日)で，Ａは40－25＝15(分)進むから，１日で15÷30＝0.5(分)，つまり，30秒進む。

ウ　Ａは１日で30秒進むから，10分10秒＝(10×60＋10)秒＝610秒進むのは，５月１日の正午から，610÷30＝$20\frac{1}{3}$(日後)，つまり，20日と$\frac{1}{3}\times24=8$(時間後)の，５月21日の午後８時である。

エ　【解き方】２つの時計が再び同じ時刻を表すのは，ＢよりもＡが12時間＝720分進んだときである。

30日でＢよりもＡが40分進むから，求める日数は，$30\times\frac{720}{40}=540$(日後)

8　ア　10分＝$\frac{10}{60}$時間＝$\frac{1}{6}$時間だから，求める電力量は，$1200\times\frac{1}{6}=200$(Ｗｈ)

イ　月～金曜日では，１日にゲームをする時間は21時－19時30分＝１時間30分＝1.5時間である。たかしくんの発言から，ゲームをするときはゲーム機とテレビを使っているから，両方の電力を足す必要がある。つまり，ゲームをするための電力は150＋160＝310(W)と考える。よって，求める電力量は，310×1.5＝465(Ｗｈ)

ウ　土曜日，日曜日では，１日にゲームをする時間は16時－13時＝３時間なので，日～土曜日まででゲームをする時間の合計は，３×２＋1.5×５＝13.5(時間)である。よって，求める電力量は，310×13.5＝4185(Ｗｈ)，つまり，$\frac{4185}{1000}=4.185$(ｋＷｈ)

エ　【解き方】30日間で節約できる電力量→30日間で節約できる電気代，の順で求める。

常夜灯を20Wのものに変更すると，電力が60－20＝40(W)小さくなる。１日に外の常夜灯をつけている時間は６＋(24－18)＝12(時間)だから，30日間で12×30＝360(時間)つける。よって，節約できる電力量は，40×360＝14400(Ｗｈ)，つまり，$\frac{14400}{1000}=14.4$(ｋＷｈ)だから，節約できる電気代は，14.4×25＝360(円)

■ ご使用にあたってのお願い・ご注意

（1）問題文等の非掲載

著作権上の都合により，問題文や図表などの一部を掲載できない場合があります。

誠に申し訳ございませんが，ご了承くださいますようお願いいたします。

（2）過去問における時事性

過去問題集は，学習指導要領の改訂や社会状況の変化，新たな発見などにより，現在とは異なる表記や解説になっている場合があります。過去問の特性上，出題当時のままで出版していますので，あらかじめご了承ください。

（3）配点

学校等から配点が公表されている場合は，記載しています。公表されていない場合は，記載していません。

独自の予想配点は，出題者の意図と異なる場合があり，お客様が学習するうえで誤った判断をしてしまう恐れがあるため記載していません。

（4）無断複製等の禁止

購入された個人のお客様が，ご家庭でご自身またはご家族の学習のためにコピーをすることは可能ですが，それ以外の目的でコピー，スキャン，転載（ブログ，ＳＮＳなどでの公開を含みます）などをすることは法律により禁止されています。学校や学習塾などで，児童生徒のためにコピーをして使用することも法律により禁止されています。

ご不明な点や，違法な疑いのある行為を確認された場合は，弊社までご連絡ください。

（5）けがに注意

この問題集は針を外して使用します。針を外すときは，けがをしないように注意してください。また，表紙カバーや問題用紙の端で手指を傷つけないように十分注意してください。

（6）正誤

制作には万全を期しておりますが，万が一誤りなどがございましたら，弊社までご連絡ください。

なお，誤りが判明した場合は，弊社ウェブサイトの「ご購入者様のページ」に掲載しておりますので，そちらもご確認ください。

■ お問い合わせ

解答例，解説，印刷，製本など，問題集発行におけるすべての責任は弊社にあります。

ご不明な点がございましたら，弊社ウェブサイトの「お問い合わせ」フォームよりご連絡ください。迅速に対応いたしますが，営業日の都合で回答に数日を要する場合があります。

ご入力いただいたメールアドレス宛に自動返信メールをお送りしています。自動返信メールが届かない場合は，「よくある質問」の「メールの問い合わせに対し返信がありません。」の項目をご確認ください。

また弊社営業日（平日）は，午前９時から午後５時まで，電話でのお問い合わせも受け付けています。

2025 春

株式会社教英出版
〒422-8054　静岡県静岡市駿河区南安倍３丁目 12-28
TEL　054-288-2131　　FAX　054-288-2133
URL　https://kyoei-syuppan.net/
MAIL siteform@kyoei-syuppan.net

神奈川県

①[県立] 相模原中等教育学校
　　　 平塚中等教育学校
②[市立]南高等学校附属中学校
③[市立]横浜サイエンスフロンティア高等学校附属中学校
④[市立]川崎高等学校附属中学校
✿⑤聖光学院中学校
✿⑥浅野中学校
⑦洗足学園中学校
⑧法政大学第二中学校
⑨逗子開成中学校(1次)
⑩逗子開成中学校(2·3次)
⑪神奈川大学附属中学校(第1回)
⑫神奈川大学附属中学校(第2·3回)
⑬栄光学園中学校
⑭フェリス女学院中学校

新潟県

①[県立] 村上中等教育学校
　　　 柏崎翔洋中等教育学校
　　　 燕中等教育学校
　　　 津南中等教育学校
　　　 直江津中等教育学校
　　　 佐渡中等教育学校
②[市立]高志中等教育学校
③新潟第一中学校
④新潟明訓中学校

石川県

①[県立]金沢錦丘中学校
②星稜中学校

福井県

①[県立]高志中学校

山梨県

①山梨英和中学校
②山梨学院中学校
③駿台甲府中学校

長野県

①[県立] 屋代高等学校附属中学校
　　　 諏訪清陵高等学校附属中学校
②[市立]長野中学校

岐阜県

①岐阜東中学校
②鶯谷中学校
③岐阜聖徳学園大学附属中学校

静岡県

①[国立]静岡大学教育学部附属中学校
　(静岡·島田·浜松)
② [県立]清水南高等学校中等部
　 [県立]浜松西高等学校中等部
　 [市立]沼津高等学校中等部
③不二聖心女子学院中学校
④日本大学三島中学校
⑤加藤学園暁秀中学校
⑥星陵中学校
⑦東海大学付属静岡翔洋高等学校中等部
⑧静岡サレジオ中学校
⑨静岡英和女学院中学校
⑩静岡雙葉中学校
⑪静岡聖光学院中学校
⑫静岡学園中学校
⑬静岡大成中学校
⑭城南静岡中学校
⑮静岡北中学校
⑯ 常葉大学附属常葉中学校
　 常葉大学附属橘中学校
　 常葉大学附属菊川中学校
⑰藤枝明誠中学校
⑱浜松開誠館中学校
⑲静岡県西遠女子学園中学校
⑳浜松日体中学校
㉑浜松学芸中学校

愛知県

①[国立]愛知教育大学附属名古屋中学校
②愛知淑徳中学校
③ 名古屋経済大学市邨中学校
　 名古屋経済大学高蔵中学校
④金城学院中学校
⑤椙山女学園中学校
⑥東海中学校
⑦南山中学校男子部
⑧南山中学校女子部
⑨聖霊中学校
⑩滝中学校
⑪名古屋中学校
⑫大成中学校
⑬愛知中学校
⑭星城中学校
⑮名古屋葵大学中学校
　(名古屋女子大学中学校)
⑯愛知工業大学名電中学校
⑰海陽中等教育学校(特別給費生)
⑱海陽中等教育学校(I·II)
⑲中部大学春日丘中学校
新刊⑳名古屋国際中学校

三重県

①[国立]三重大学教育学部附属中学校
②暁中学校
③海星中学校
④四日市メリノール学院中学校
⑤高田中学校
⑥セントヨゼフ女子学園中学校
⑦三重中学校
⑧皇學館中学校
⑨鈴鹿中等教育学校
⑩津田学園中学校

滋賀県

①[国立]滋賀大学教育学部附属中学校
②[県立] 河瀬中学校
　　　 守山中学校
　　　 水口東中学校

京都府

①[国立]京都教育大学附属桃山中学校
②[府立]洛北高等学校附属中学校
③[府立]園部高等学校附属中学校
④[府立]福知山高等学校附属中学校
⑤[府立]南陽高等学校附属中学校
⑥[市立]西京高等学校附属中学校
⑦同志社中学校
⑧洛星中学校
⑨洛南高等学校附属中学校
⑩立命館中学校
⑪同志社国際中学校
⑫同志社女子中学校(前期日程)
⑬同志社女子中学校(後期日程)

大阪府

①[国立]大阪教育大学附属天王寺中学校
②[国立]大阪教育大学附属平野中学校
③[国立]大阪教育大学附属池田中学校

④[府立]富田林中学校
⑤[府立]咲くやこの花中学校
⑥[府立]水都国際中学校
⑦清風中学校
⑧高槻中学校（A日程）
⑨高槻中学校（B日程）
⑩明星中学校
⑪大阪女学院中学校
⑫大谷中学校
⑬四天王寺中学校
⑭帝塚山学院中学校
⑮大阪国際中学校
⑯大阪桐蔭中学校
⑰開明中学校
⑱関西大学第一中学校
⑲近畿大学附属中学校
⑳金蘭千里中学校
㉑金光八尾中学校
㉒清風南海中学校
㉓帝塚山学院泉ヶ丘中学校
㉔同志社香里中学校
㉕初芝立命館中学校
㉖関西大学中等部
㉗大阪星光学院中学校

兵庫県

①[国立]神戸大学附属中等教育学校
②[県立]兵庫県立大学附属中学校
③雲雀丘学園中学校
④関西学院中学部
⑤神戸女学院中学部
⑥甲陽学院中学校
⑦甲南中学校
⑧甲南女子中学校
⑨灘中学校
⑩親和中学校
⑪神戸海星女子学院中学校
⑫滝川中学校
⑬啓明学院中学校
⑭三田学園中学校
⑮淳心学院中学校
⑯仁川学院中学校
⑰六甲学院中学校
⑱須磨学園中学校（第1回入試）
⑲須磨学園中学校（第2回入試）
⑳須磨学園中学校（第3回入試）
㉑白陵中学校
㉒夙川中学校

奈良県

①[国立]奈良女子大学附属中等教育学校
②[国立]奈良教育大学附属中学校
③[県立] 国際中学校
　　　　青翔中学校
④[市立]一条高等学校附属中学校
⑤帝塚山中学校
⑥東大寺学園中学校
⑦奈良学園中学校
⑧西大和学園中学校

和歌山県

①[県立] 古佐田丘中学校
　　　　向陽中学校
　　　　桐蔭中学校
　　　　日高高等学校附属中学校
　　　　田辺中学校
②智辯学園和歌山中学校
③近畿大学附属和歌山中学校
④開智中学校

岡山県

①[県立]岡山操山中学校
②[県立]倉敷天城中学校
③[県立]岡山大安寺中等教育学校
④[県立]津山中学校
⑤岡山中学校
⑥清心中学校
⑦岡山白陵中学校
⑧金光学園中学校
⑨就実中学校
⑩岡山理科大学附属中学校
⑪山陽学園中学校

広島県

①[国立]広島大学附属中学校
②[国立]広島大学附属福山中学校
③[県立]広島中学校
④[県立]三次中学校
⑤[県立]広島叡智学園中学校
⑥[市立]広島中等教育学校
⑦[市立]福山中学校
⑧広島学院中学校
⑨広島女学院中学校
⑩修道中学校
⑪崇徳中学校
⑫比治山女子中学校
⑬福山暁の星女子中学校
⑭安田女子中学校
⑮広島なぎさ中学校
⑯広島城北中学校
⑰近畿大学附属広島中学校福山校
⑱盈進中学校
⑲如水館中学校
⑳ノートルダム清心中学校
㉑銀河学院中学校
㉒近畿大学附属広島中学校東広島校
㉓AICJ中学校
㉔広島国際学院中学校
㉕広島修道大学ひろしま協創中学校

山口県

①[県立] 下関中等教育学校
　　　　高森みどり中学校
②野田学園中学校

徳島県

①[県立] 富岡東中学校
　　　　川島中学校
　　　　城ノ内中等教育学校
②徳島文理中学校

香川県

①大手前丸亀中学校
②香川誠陵中学校

愛媛県

①[県立] 今治東中等教育学校
　　　　松山西中等教育学校
②愛光中学校
③済美平成中等教育学校
④新田青雲中等教育学校

高知県

①[県立] 安芸中学校
　　　　高知国際中学校
　　　　中村中学校

福岡県

①[国立]福岡教育大学附属中学校（福岡・小倉・久留米）

②[県立]
- 育徳館中学校
- 門司学園中学校
- 宗像中学校
- 嘉穂高等学校附属中学校
- 輝翔館中等教育学校

③西南学院中学校
④上智福岡中学校
⑤福岡女学院中学校
⑥福岡雙葉中学校
⑦照曜館中学校
⑧筑紫女学園中学校
⑨敬愛中学校
⑩久留米大学附設中学校
⑪飯塚日新館中学校
⑫明治学園中学校
⑬小倉日新館中学校
⑭久留米信愛中学校
⑮中村学園女子中学校
⑯福岡大学附属大濠中学校
⑰筑陽学園中学校
⑱九州国際大学付属中学校
⑲博多女子中学校
⑳東福岡自彊館中学校
㉑八女学院中学校

佐賀県

①[県立]
- 香楠中学校
- 致遠館中学校
- 唐津東中学校
- 武雄青陵中学校

②弘学館中学校
③東明館中学校
④佐賀清和中学校
⑤成穎中学校
⑥早稲田佐賀中学校

長崎県

①[県立]
- 長崎東中学校
- 佐世保北中学校
- 諫早高等学校附属中学校

②青雲中学校
③長崎南山中学校
④長崎日本大学中学校
⑤海星中学校

熊本県

①[県立]
- 玉名高等学校附属中学校
- 宇土中学校
- 八代中学校

②真和中学校
③九州学院中学校
④ルーテル学院中学校
⑤熊本信愛女学院中学校
⑥熊本マリスト学園中学校
⑦熊本学園大学付属中学校

大分県

①[県立]大分豊府中学校
②岩田中学校

宮崎県

①[県立]五ヶ瀬中等教育学校

②[県立]
- 宮崎西高等学校附属中学校
- 都城泉ヶ丘高等学校附属中学校

③宮崎日本大学中学校
④日向学院中学校
⑤宮崎第一中学校

鹿児島県

①[県立]楠隼中学校
②[市立]鹿児島玉龍中学校
③鹿児島修学館中学校
④ラ・サール中学校
⑤志學館中等部

沖縄県

①[県立]
- 与勝緑が丘中学校
- 開邦中学校
- 球陽中学校
- 名護高等学校附属桜中学校

もっと過去問シリーズ

北海道

北嶺中学校
7年分（算数・理科・社会）

静岡県

静岡大学教育学部附属中学校（静岡・島田・浜松）
10年分（算数）

愛知県

愛知淑徳中学校
7年分（算数・理科・社会）
東海中学校
7年分（算数・理科・社会）
南山中学校男子部
7年分（算数・理科・社会）
南山中学校女子部
7年分（算数・理科・社会）
滝中学校
7年分（算数・理科・社会）
名古屋中学校
7年分（算数・理科・社会）

岡山県

岡山白陵中学校
7年分（算数・理科）

広島県

広島大学附属中学校
7年分（算数・理科・社会）
広島大学附属福山中学校
7年分（算数・理科・社会）
広島学院中学校
7年分（算数・理科・社会）
広島女学院中学校
7年分（算数・理科・社会）
修道中学校
7年分（算数・理科・社会）
ノートルダム清心中学校
7年分（算数・理科・社会）

愛媛県

愛光中学校
7年分（算数・理科・社会）

福岡県

福岡教育大学附属中学校
（福岡・小倉・久留米）
7年分（算数・理科・社会）
西南学院中学校
7年分（算数・理科・社会）
久留米大学附設中学校
7年分（算数・理科・社会）
福岡大学附属大濠中学校
7年分（算数・理科・社会）

佐賀県

早稲田佐賀中学校
7年分（算数・理科・社会）

長崎県

青雲中学校
7年分（算数・理科・社会）

鹿児島県

ラ・サール中学校
7年分（算数・理科・社会）

※もっと過去問シリーズは国語の収録はありません。

教英出版
〒422-8054
静岡県静岡市駿河区南安倍3丁目12-28
TEL 054-288-2131
FAX 054-288-2133
詳しくは教英出版で検索
教英出版 検索
URL https://kyoei-syuppan.net/

二〇二四年度

入学試験問題（一般）

国語

山梨学院中学校

注意

一、始めの合図があるまでは、次をあけてはいけません。
二、受験番号・氏名を問題用紙と解答用紙の両方に書きなさい。
三、試験時間は五十分です。
四、解答はすべて別紙の解答用紙の決められた場所に、はっきり記入しなさい。
五、問題の印刷がはっきりしなくて読めないときは、静かに手をあげて係の先生がそばに来るのを待ちなさい。
六、終わりの合図があったら、係の先生の指示を受けなさい。

受験番号	氏名

2024 IK

2024(R6) 山梨学院中　一般

K 教英出版

【一】　次の――線のカタカナを漢字に、漢字には読みがなをひらがなで書きなさい。

①　彼岸《ひがん》におハカ参りをする。
②　新聞とザッシは分けて並べます。
③　兄は市役所にキンムしている。
④　ケイサツショを見学します。
⑤　天気の良い日に畑をタガヤす。
⑥　今月の家賃をはらう。
⑦　チーム一丸となって成果をあげる。
⑧　商品の価格を松竹梅として並べた。
⑨　作家の著作権を尊重する。
⑩　国連に加盟する。

2024 IK
2024(R6) 山梨学院中　一般
K 教英出版

【二】 次の文章を読み、後の問いに答えなさい。

赤ちゃんを産んだらそのまま親になれる――そんなわけではないことがわかりました。赤ちゃんとのやり取りの中で、親も成長するのです。もちろん、親の成長は赤ちゃん時代に限られるものではありません。みなさんの親も、今でもみなさんと一緒《いっしょ》に、成長を続けていることでしょう。

赤ちゃんの話に戻ると、親子の視線は、コミュニケーションの大切な土台となることがわかっています。これまでみてきた赤ちゃんの視線の読み取りは、単に開いている目やこっちを見ている目に注目するだけで、私たちの視線の読み取りと比べると、幼稚《ようち》に思えます。

私たち大人にとって、視線にはたくさんの意味が込《こ》められています。見つめられてドキッとしたり、なんらかの①意図を感じたり、さまざまな感情を伴《ともな》います。視線に意図を読み取ることは、②いつ頃《ごろ》からできるのでしょうか。親子で行き交う視線の巧《たく》みなトレーニングが、そこにあるようです。

新生児には意図を読み取る術はありませんが、一歳《さい》になるよりも早く、生後一〇か月頃からすでに、相手の意図らしきものを読み取るようです。言葉を話すようになるのが一歳半から二歳頃であるのと比べると、会話をするよりも以前に、相手の意図がわかるのです。それはとても早い発達ともいえましょう。

生後一〇か月の赤ちゃんは抱《だ》っこされているお母さんの顔を覗《のぞ》き込み、③その顔色をうかがって、自分の行動を決めることが実験からわかっています。ガラス板の下に崖《がけ》が見える怖《こわ》い場所に座らせても、お母さんが微笑んでいるとそのまま崖の上に渡されたガラス板の上を進んでいきます。ところがお母さんが怖い顔をしていると、進まずにその場に留まったのです。お母さんの表情から、④自分の状況《じょうきょう》を判断することができたのです。

[A]、赤ちゃんの注意が、お母さんの目から離《はな》れて外界へと移るのは、いつ頃でしょうか。

生後六か月になると、注意は視線の先へと進むようです。相手が見ている対象を気にしだすのです。赤ちゃんの興味の対象は、鳥のように目そのものではなくて、目から離れていくのです。それは動物から人への進化を示すような、劇的な変化ともいえましょう。

目から先の世界には、少しずつ進んでいきます。まずは「⑤共通理解」の場へと進みます。生後九か月頃になると、親と子とで互《たが》いにひとつのものを見つめ合うようになるのです。お母さんの視線の先に注目し、そこに新しい玩具《がんぐ》があったりお菓子《かし》があったりするのに気づき、その対象を確認しあうことができるのです。ひとつの世界を互いの視線によって共有することは、人間だけが持つ共通の認識世界を生み出すこととなります。これもさらなる進化の予感を感じさせる行動です。

やがて「視線の先」から「指の先」へと、認識世界の共有は移行します。[B]を通じて、一つひとつの物体を互いに確認しあい、「これがお母さん」「これがマンマ」と、言葉を教えることができるのです。⑥人類だけが持つ「言葉」の獲得《かくとく》へとつながっていくのです。言葉の通じなかった赤ちゃん時代の終わりが近づく※兆候です。

目は自身の器官を通じ、外界に自分を広げる窓のようなものなのかもしれません。赤ちゃんは母親との視線の共有によって、自分だけの閉じられた世界から※脱却《だっきゃく》し、他者と共有した世界に発達していくようです。言葉を含《ふく》めたコミュニケーション能力の獲得には、とにかくまずは⑦視線や目が、大切な役割を果たしているということでしょう。そうであれば、⑧あなた自身の視線が他者に開かれているかを知ることは、大切なことかもしれません。

（山口真美「自分の顔が好きですか？ ―『顔』の心理学」岩波ジュニア新書）

※兆候……ものごとの起こりそうなきざし。
※脱却……好ましくない状態から抜け出すこと。

2024 IK
2024(R6) 山梨学院中　一般
教英出版

問一　――線①「意図」の読み方を答え、またあわせて意味を次から選び、記号で書きなさい。

ア　言っていること。　イ　考えていること。　ウ　書いていること。　エ　予定していること。

問二　――線②「いつ頃からできるのでしょうか」とあるが、それはどの時期か。本文中から七字で書き抜きなさい。

問三　――線③「顔色をうかがって」とあるが、「顔色をうかがう」の意味を次から選び、記号で書きなさい。

ア　表情から健康状態を確認する。
イ　表情から感情を読み取ろうとする。
ウ　表情を見ながら、どうすれば良いか聞こうとする。
エ　相手に有利になるように気をつかおうとする。

問四　――線④「自分の状況を判断することができたのです」とあるが、何からどのようなことを理解できるのか説明しなさい。

問五　[A]に当てはまる言葉を次から選び、記号で書きなさい。

ア　しかし　　イ　つまり　　ウ　なぜなら　　エ　では

問六　――線⑤「共通理解」とはどのようなことか。本文中から二十二字で探し、初めと終わりの三字をそれぞれ書き抜きなさい。

問七　[B]に当てはまる言葉を次から選び、記号で書きなさい。

ア　目配せ　　イ　記憶《おく》　　ウ　想像　　エ　指さし

問八　――線⑥「人類だけが持つ『言葉』の獲得へとつながっていく」とあるがそれはどのようなことか。次から選び、記号で書きなさい。

ア　最初に興味を持った目の動きから相手の気持ちを認識し、相手が発する言葉の意味をくみ取ることができるようになるということ。

イ　視線の先を追うことから始まる認識世界の共有が、子どもから大人への言語的な成長を示す、劇的な変化といえるということ。

ウ　目から視線の先、指の先へと認識するものが広がり、指し示した先のものを共有する中でそのものの名前を認識していくということ。

エ　目から視線の先、指の先へと認識するものが広がり、言葉を用いることへの興味につながり、劇的な成長をうながすものとなるということ。

問九　――線⑦「視線や目が、大切な役割を果たしている」とあるが、視線や目の果たす役割をたとえ表現を用いて表現している箇所を本文中から十字で探し、書き抜きなさい。

問十　――線⑧「あなた自身の～大切なことかもしれません」とあるが、それはどのようなことか。次から選び、記号で書きなさい。

ア　世の中の様々な物事を理解するために、自分の意見よりも他者の考えを尊重し、協調性を大切にするべきだから。

イ　世の中の様々な物事を理解するために、自分の考えよりも他者の意見に目を向ける方が世界をより良くしていくことができるから。

ウ　世の中の様々な物事を理解するために、他者の視点に目を向け、自分だけのせまい考え方から抜け出すことが大切だから。

エ　世の中の様々な物事を理解するために、他者の視点に立って思いやりを持って接し、自己主張をしないことが重要だから。

【三】　次の文章を読み、後の問いに答えなさい。

〈あらすじ〉

夫と共に小さなレストランを経営する「さっちゃん」は、幼い頃《ころ》から自分の母が好きではなかった。「さっちゃん」の母は「さっちゃん」に対して厳しくて※皮肉屋だったからだ。「さっちゃん」はレストランを始めた頃からの常連客である上品なご婦人、「夏夜さん」と話をすることが楽しみだった。ある日、「夏夜さん」が大がらの外国の老婦人「レイチェル」と一緒にレストランにやってきた。「夏夜さん」と「レイチェル」の会話を聞いていた「さっちゃん」は、自分の母「妙《たえ》」の名前が会話に出てくることに気づき、二人に声をかけた。

午後の陽光が、窓ごしにテーブルの上に a射して きた。何十年もの b年月 が、二人の周りで c優しく 哀《かな》しく懐《なつ》かしく、※たゆとうっていた。

デザートを運んできたさっちゃんが、口をはさんだ。

「あのう……。もし、ちがっていたらすみません……。つい、耳に入ったものですから……。」

「どうぞ、何でもお話しして」

夏夜さんが励《はげ》ますように言った。それで、意を決したようにさっちゃんは切り出した。

「お話しになってらした妙さんって、もしかして、君島妙子のことでしょうか」

レイチェルさんと夏夜さんは目を見合わせた。

「そうよ。どうして、あなたが知ってるの？」

「君島妙子は私の母です。君島は私の旧姓《きゅうせい》です。私は妙子の娘《むすめ》なんです」

さっちゃん自身も戸惑《まど》ったことに、私は妙子の娘、といった途端《とたん》に、喉《のど》の奥《おく》がじんとして涙《なみだ》がでそうになった。

5 図1のような白い正方形のタイルと黒い正方形のタイルがたくさんあります。この2種類のタイルをならべて図2のように模様《もよう》をつくります。次の各問いに答えなさい。

図1

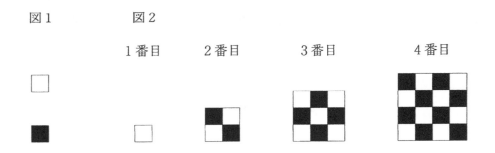

図2

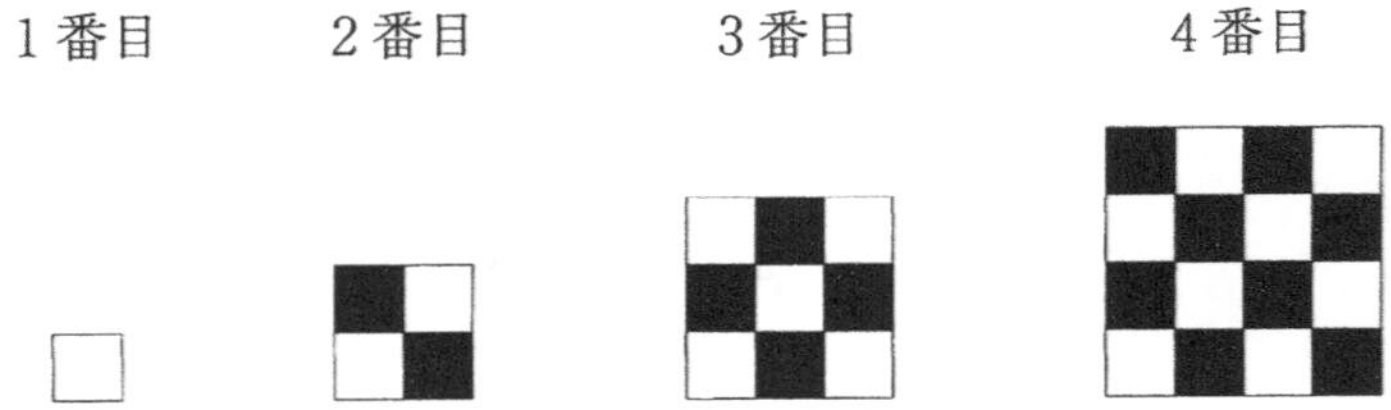

ア．5番目の図形は，全部で何枚のタイルが使われていますか。

イ．10番目の図形で，黒いタイルは何枚使われていますか。

ウ．15番目の図形では，白いタイルと黒いタイルはそれぞれ何枚ずつ使われていますか。

エ．白いタイルが520枚，黒いタイルが510枚，あわせて1030枚あります。完成できるもっとも大きい図形は何番目の図形ですか。

6 次の図のように，円形のマラソンコース上にＡさんとＢさんが，その円の中心にＯさんがいて，最初Ａさん，Ｏさん，Ｂさんの３人は，この順で一直線上に並んでいます。また，Ａさんは，毎分100m，Ｂさんは毎分150mの速さで円周上を同時に走り始めます。円形のマラソンコースの長さが1.2kmのとき，次の各問いに答えなさい。

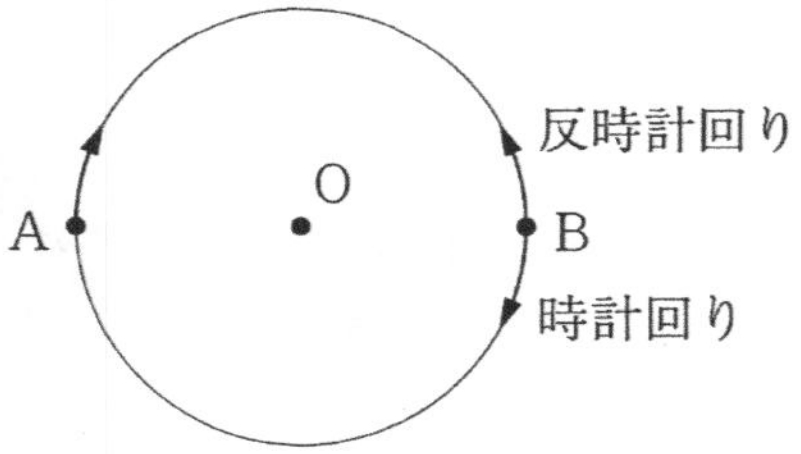

ア．ＡさんとＢさんが同時に時計回りの方向に動き始めるとき，初めてＢさんがＡさんに追いつくのは動き始めてから，何分後ですか。

イ．ＡさんとＢさんが同時に反対方向（時計回りと反時計回り）に動きはじめるとき，４回目に出会うのは動き始めてから何分何秒後ですか。

ウ．ＡさんとＢさんが同時に反対方向（時計回りと反時計回り）に動きはじめるとき，３回目にＡさん，Ｏさん，Ｂさんがこの順で一直線上に並ぶのは，動き始めてから何分何秒後ですか。ただし，動き始める前は１回目とは数えません。

2024(R6) 山梨学院中　一般
教英出版

7 けんじ君は，サッカーの練習のために，家からグラウンドまで自転車で往復しました。行き（家からグランドまで）は57分50秒かかり，帰り（グラウンドから家まで）は，56分30秒かかりました。家からグラウンドまでは平地だけではなく，ところどころ坂道があります。

けんじ君が自転車で進む速さは，平地では毎分320m，上り坂では毎分240m，下り坂では毎分400mです。また，家からグラウンドまでは，平地が合計7.2kmあり，その他は坂道（上り坂または下り坂）です。

一方，けんじ君のお父さんもグラウンド横の図書館で会議があり，けんじ君が家を出発してから18分後に車で図書館に向かって家を出発したところ，家と図書館（グラウンド）のちょうど中間地点でけんじ君を追い抜きました。家から中間地点までに下り坂はなく，車は毎時44kmの一定の速さで走っていました。

このとき，次の各問いに答えなさい。

ア．行きでは，上り坂の合計と下り坂の合計とを比べると，どちらが何m長いですか。

イ．行きでは，上り坂は合計何kmありますか。

ウ．家から中間地点までに，上り坂は合計何kmありますか。

8 次のＡさんとＢさんの会話文を読み，各問いに答えなさい。

Ａ：「今年はお年玉をたくさんもらったんだ。」

Ｂ：「いくらもらったの？」

Ａ：「当ててみて。」

Ｂ：「え～。ヒントをちょうだい。」

Ａ：「じゃあ，ヒント１。今年は全部で五千円札と千円札を合わせて５枚もらったの。」

Ｂ：「なるほど。ということは，9000円，［①　　　円］，［②　　　円］，［③　　　円］のどれかだね。でもこれだけじゃわからないよ。」

Ａ：「じゃあ，ヒント２。もらったお金でＴシャツとトレーナーとズボンを買ったんだ。」

Ｂ：「え～。全部使っちゃったの？」

Ａ：「いいえ，480円残っているわ。」

Ｂ：「それで，Ｔシャツとトレーナーとズボンの値段はいくらだったの？」

Ａ：「定価は，Ｔシャツが4500円，トレーナーが，6000円，ズボンが7500円だったの。でも割り引きセール中ですべての商品が28%引きだったから，細かい数字までは覚えてないわ。」

Ｂ：「そうなんだ。でもＴシャツ，トレーナー，ズボンは最低１つずつ買ったのね？」

Ａ：「そうだよ。３種類とも１つ以上買ったわ。」

Ｂ：「ということは・・・。Ｔシャツが3240円，トレーナーが4320円，ズボンが［④　　　円］だったってことね。」

Ａ：「う～ん。そんな感じだったかな。」

（・・・少し考えて・・・）

Ｂ：「OK。わかったわ。」

Ａ：「すごい，本当？」

Ｂ：「Ａさんがもらったお年玉の合計金額は［⑤　　　円］で，Ｔシャツを［⑥　　枚］，トレーナーを［⑦　　枚］，ズボンを［⑧　　本］買ったんだと思うんだけど，どう？」

Ａ：「正解。よくわかったわね。あなたってホントにすごいわ。」

ア．①，②，③に入る数をすべて答えなさい。

イ．④に入る数を答えなさい。

ウ．⑥，⑦，⑧に入る数を答えなさい。

エ．⑤に入る数を答えなさい。また，その理由も説明しなさい。

【四】		【三】												
問二	問一	問十一	問十	問九	問八	問七	問六	問五	問四	問三	問二	問一	問十	問九
①②③④⑤	①②③④⑤				～ もの。							a b c		

算　数

受験番号	氏　名

※印のところには、なにも書いてはいけません。

得点	※	※

※150点満点
（配点非公表）

（切り取ってはいけません）

算　数

解　答　用　紙

※印のところには、なにも書いてはいけません。

得点	※	※

1	ア	
	イ	
	ウ	
	エ	
	オ	
	ア	通り

6	ア	分後
	イ	分　秒後
	ウ	分　秒後
7	ア	m
	イ	km
	ウ	km

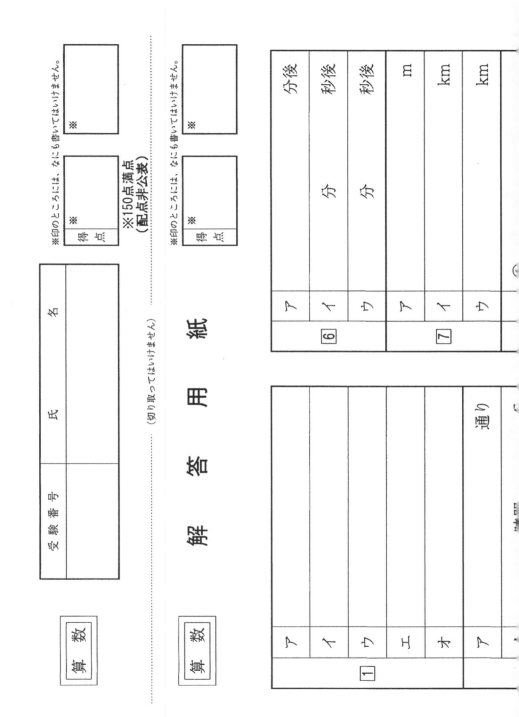

二〇二四年度

入学試験問題（専願）

国語

注意

一、始めの合図があるまでは、次をあけてはいけません。
二、受験番号・氏名を問題用紙と解答用紙の両方に書きなさい。
三、試験時間は五十分です。
四、解答はすべて別紙の解答用紙の決められた場所に、はっきり記入しなさい。
五、問題の印刷がはっきりしなくて読めないときは、静かに手をあげて係の先生がそばに来るのを待ちなさい。
六、終わりの合図があったら、係の先生の指示を受けなさい。

受験番号	氏名

2024 SK
2024(R6) 山梨学院中　専願
教英出版

【一】

次の――線のカタカナを漢字に、漢字には読みがなをひらがなで書きなさい。

① 夢中になり、ワレを忘れる。

② 早起きがシュウカンになる。

③ 雑誌をヘンシュウする。

④ コメダワラを荷台につむ。

⑤ 銀行にヨキンする。

⑥ 私たちは永久に平和を守ります。

⑦ 事故の原因を明らかにする。

⑧ 綿織物を問屋で買う。

⑨ 今年の成績は奮わなかった。

⑩ 険しい山に登る。

【二】 次の文章を読み、後の問いに答えなさい。

人間は生きものであり、自然のなかにある。これから考えることの基盤《ばん》はここにあります。これは誰《だれ》もがわかっていることであり、決して新しい指摘《てき》ではありません。しかし、現代社会はこれを基盤にしてできあがってはいません。そこに問題があると思い、改めてこの①あたりまえのことを確認するところから出発したいと思います。

まず、私たちの②日常生活は、生きものであることを実感するものになっているでしょうか。朝気持ちよくめざめ、朝日を浴び、新鮮な空気を体内にとり込《こ》み、朝食をおいしくいただき……これが生きものの暮らしです。目覚ましa時計で起こされ、お日さまや空気を感じることなどまったくなしに腕《うで》の時計をながめながら家をとび出す……実際にはこんな朝を過ごすのが、現代社会のとくに都会での生活です。ビルや地下街など、終日人工照明の中で暮らすのが現代人の日常です。これでは生きものであるという感覚は持てません。

生きものにとっては、眠《ねむ》ったり、（　A　）、歩いたりといった「日常」が最も重要です。ですから、その日常のあり方を変革し、皆《みな》が当たりまえに自然を感じられる社会を作ればよいのですが、ここまできた近代文明社会を一気に変換《かん》するのは難しいでしょう。

bそこで、ここでの提案は、まずは一人一人が自分は生きものでcあるという感覚を持つことから始め、③その視点から近代文明を転換する切り口を見つけ、少しずつ生き方を変え、社会を変えていきませんかということです。一人一人の気持ちが変わらないまま、たとえばエネルギーだけを脱《だつ》原発、自然再生エネルギーに転換と唱えても、今すぐの実現はd難しいでしょう。しかもそれはあまり意味がありません。自然エネルギーを活用する「暮らし方」が大切なのであり、その基本が④「生きものである」という感覚なのです。

近代文明をすべて否定するのではなく、生きものとしての感覚を持てるようにするところから、転換をはかろうとするなら、生物学に大事な役割が果たせるはずだと考えています。なぜなら私自身この分野で学んだがゆえに、とくに意識せずに「生きものである」ということができ、日常をそれで生きていけると実感するからです。簡単な例をあげるなら、購《こう》入した食べ物が賞味期限を越えてしまったような時でも、それだけで捨てることができません。まだ食べられるかどうか、⑤自分の鼻で、舌で、手で確認します。

鼻や舌などの「（　B　）」で判断するとはなんと非科学的な、そんなことで大丈《じょう》夫なのか、もっと「科学的」でなければいけないのではないかと言われそうです。科学的とは多くの場合数字で表せるということです。具体的には冷蔵庫から取り出したかまぼこに書かれた日時を指すわけです。衛生的な場所で製造されお店に出されていると信じ、安全性の目安として書かれている期限を見てその期間に食べているわけです。それを科学的と称《しょう》しているけれど、これでよいのでしょうか。こうした判断のしかたは、私には、自分で考えず科学という言葉に任せているだけに思えます。⑥「科学への盲《もう》信」で成り立っているように思います。

もちろん、「（　B　）」だけではわからないことがたくさんあります。科学を通じて微《び》生物による腐《ふ》敗や毒物の生成などの危険性を知り、それに対処することは重要です。しかし、賞味期限内であれば危険はなく、それを過ぎたら（　C　）と、数字だけで決まるものではありません。その食べ物が（　C　）かどうかをチェックするわけではないのですから、科学による「保証」の限界を知ることが大事です。

食べ物を自らの手で作ったり、採ったりしていた時代には、安全性については自分で責任を持つしかありませんでした。科学・科学技術のおかげでより進歩した暮らしやすい生活ができるようになり、安全が保証された形で、食べ物が手に入るようになったのはありがたいことです。でも、そこに期限をきめる数字が印刷されるようになると、それに振り回され、それに従うことが正しい暮らし方のようになってしまいました。自分ではまったく科学に触《ふ》れているわけではなく、※時には科学的な考え方をするでもなく、ただ「科学が保証してくれているはず」という雰《ふん》囲気の中で何も考えずに数字をうのみにしているのです。そうではなく、生きものであることを忘れずに、その力を生かすことが必要であると思うのです。

ネズミやイヌなど他の生きものに比べたら嗅《きゅう》覚などはかなり感度がわるくなっているとはいえ、私たちの五感はよいセンサーです。もちろん、上手に使っていないと鈍《にぶ》くなるので、感度を保つためにも日常その力を生かすことは大事です。科学を知ったうえで、機械だけに頼らず生きものとしての自分の感覚をも活用するのが、私の考えている「人間は生きものである」ことを基本に置く生き方です。科学的とされる現代社会のありようは実は他人任せなので、これは⑦「自律的な生き方」をしようという提案でもあります。

うっかり期限の過ぎたかまぼこをすぐには捨てずに鼻や舌を使うという小さなことですが、⑧一事が万事、この感覚を生かすとかなり生活が変わり、そういう人が増えれば社会は変わるだろうと思うのです。常に自分で考え、自身の行動に責任を持ち、自律的な暮らし方をすることが、⑨「生きものとして生きる」ということの第一歩です。

（中村　桂子「科学者が人間であること」岩波新書）

問一　――線①「あたりまえのこと」とあるが、その内容が書かれた一文を本文から二十字で探し、書き抜きなさい。（句読点を含む）

問二　――線②「日常生活」と似た意味の言葉を次から選び、記号で書きなさい。

ア　家庭生活　　イ　生涯健康　　ウ　労働環境　　エ　保健衛生

問三　空欄（　A　）に入る言葉として最も適当なものを次から一つ選び、記号で書きなさい。

ア　地下にもぐったり　　イ　ものを食べたり　　ウ　空を飛んだり　　エ　山に登ったり

問四　――線③「その視点」が指している内容を本文から二十字で探し、初めと終わりの五字を書き抜きなさい。

問五　――線a「時計」、b「そこで」、c「ある」、d「難しい」、の言葉の品詞名を次から選び、それぞれ記号で書きなさい。

ア　名詞　　イ　形容詞　　ウ　接続詞　　エ　動詞

問六　――線④「『生きものである』という感覚」とあるが、それを筆者自身が日常生活で実感した例として挙げている部分をここより後の本文中から一続きの二文で探し、初めの五字を書き抜きなさい。（句読点含む）

問七　――線⑤「鼻で、舌で、手で」とあるが、鼻、舌、手以外の、人間の感覚としての体の器官を二つ、それぞれ漢字一字で書きなさい。

問八　空欄（ B ）と（ C ）に入る言葉を後から選び、それぞれ記号で書きなさい。

B…　ア　賞味　　イ　感覚　　ウ　自分　　エ　嗅覚

C…　ア　基本　　イ　安全　　ウ　期限内　　エ　危険

問九　――線⑥「科学への盲信」とあるが、どういうことか。「信じる」という言葉を用いて、十五字以内で書きなさい。

問十　――線⑦「自律的な生き方」とはどのような生き方か。「～生き方。」につながるように本文から三十七字で探し、初めと終わりの五字で書きなさい。（句読点含む）

問十一　――線⑧「一事が万事」の意味として適切なものはどれか。次から選び、記号で書きなさい。

ア　一つのことから、すべての困難が解決するということ。
イ　一つのことから他のすべてのことを推測することができるということ。
ウ　一つのことが解決すれば、他のすべてを人に任せられるということ。
エ　一つのことが成功すると、他のすべてを支えることができるということ。

問十二　――線⑨「『生きものとして生きる』ということの第一歩」とはどういうことか。本文の言葉を使って説明しなさい。

【三】　次の文章を読み、後の問いに答えなさい。

〈あらすじ〉

主人公「光二」は大学受験を控えた浪人生。書道教室で先生をしていた「ばあちゃん」とは長く離れてくらしていたが、最近、一緒《いっしょ》に（父・母（奈津美）・光一・妹と）生活をするようになった。「光二」は、「ばあちゃん」の散歩に付き合いながら書道教室の元教え子に会いに回る中で、かつての教え子みんなに尊敬され、慕《した》われている「ばあちゃん」に不思議な力を感じていた。そのような中で、「ばあちゃん」の手料理を久しぶりに食べた元生徒「江口さん」から、従妹《いとこ》が営む小料理屋で「ばあちゃん」の手料理を提供させてほしいと依頼があった。

江口《えぐち》さんから頼《たの》まれた一件について、ばあちゃんが母ちゃんに相談する場面に、光一は居合わせることができなかった。その代わり、ばあちゃんの就寝《しゅうしん》後、光一が入浴するために一階に下りて来たときに、母ちゃんが「光一。江口さんっていう、おばあちゃんの元教え子の人だけど――」と声をかけてきた。

「え？　ああ。鮮魚《せんぎょ》の※仲卸《なかおろし》をご主人と一緒《いっしょ》にやってるおばさんで、イワシとかアジとか、ときどき持って来てくれるおばさんね」

「今日、その江口さんと、その従妹で小倉さんていう、小料理屋だか何だかをやってる人が来たの？」

「ああ、来たね。俺《おれ》が最初に玄関で応対したから。でもどういう話をしたのかは知らない。その二人、縁側《えんがわ》に回って、ばあちゃんと何やら話をしてたみたいだけど、俺は自分の部屋に戻《もど》ったから」

ということにしておいた。

「おばあちゃん、私が夕食の支度をしてるときに、奈津美さん、食品衛生責任者の免許《めんきょ》、持ってましたよねって聞いてきたのよ」

「へ？」

5 3200m はなれた公園と図書館のあいだを太郎くんと次郎くんの２人がそれぞれ一定の速さで往復します。太郎くんは公園から出発し，図書館に着いたあと再び公園に向かうことを繰り返します。次郎くんは太郎くんが出発した時間よりも後に図書館を出発し，毎分 100m の速さで公園に向かい，公園に着いて再び図書館に向かうことを繰り返します。右のグラフは太郎くんが公園を出発してからの時間と太郎くんと次郎くんの公園からの道のりの関係を表したものです。

次の各問いに答えなさい。

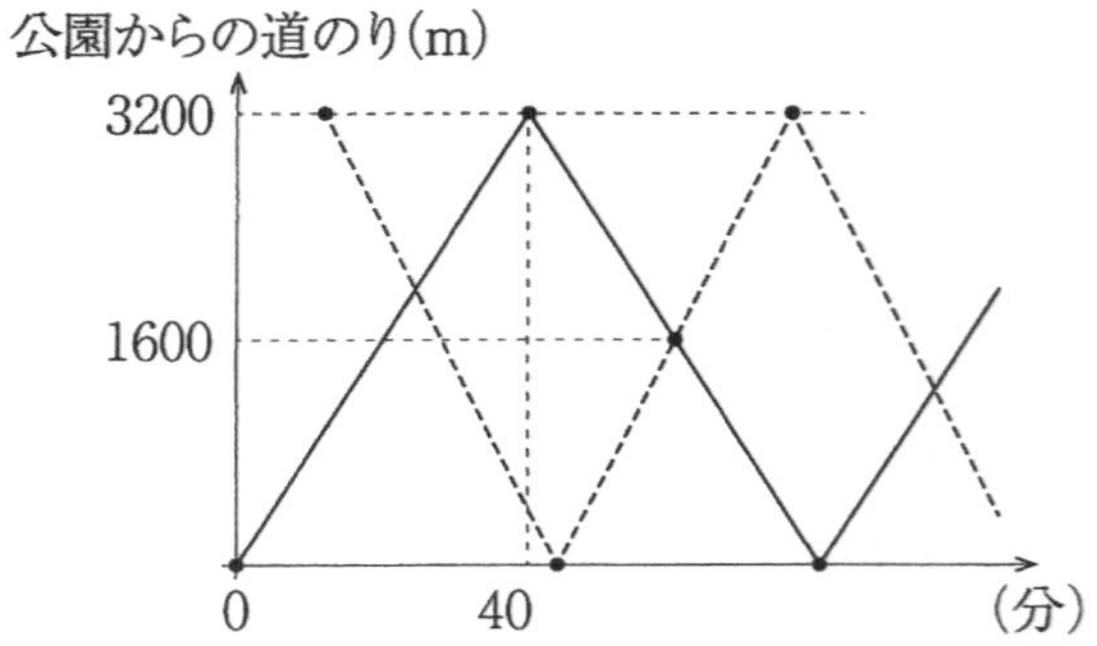

ア．太郎くんの歩く速さは毎分何 m ですか。

イ．次郎くんが図書館を出発したのは，太郎くんが公園を出発した何分後ですか。

ウ．太郎くんが１回往復して公園に戻ったとき，次郎くんは公園から何 m のところにいますか。

6　下の図のように，正方形のカードを9等分し，ある規則にしたがって順番に数字を書いたものをつくります。また，それぞれの枠《わく》は，基準のカードに書かれた番号で枠《わく》の位置を呼ぶことにします。

例えば，11が書かれた枠《わく》は「2枚目の②の位置」，23が書かれた枠《わく》は「3枚目の⑤の位置」と呼びます。次の各問いに答えなさい。

①	②	③
⑧	⑨	④
⑦	⑥	⑤

基準

1	2	3
8	9	4
7	6	5

1 枚目

10	11	12
17	18	13
16	15	14

2 枚目

19	20	21
26	27	22
25	24	23

3 枚目

・・・

ア．5枚目の③の位置の数はいくつですか。

イ．100枚目の⑦の位置の数はいくつですか。

ウ．30枚目から50枚目のカードまでに7の倍数は何個書かれていますか。

エ．2024は何枚目のどの位置にありますか。

オ．1枚目から30枚目までのカードをすべて同じ向きに重ねます。
⑨の位置で重なっている数をすべてたすと合計はいくつになりますか。

7 A，B，Cの３人である仕事をすると，仕上げるのに20時間かかります。この仕事をＡが１人でやると，B，Cの２人でやるよりも５倍の時間がかかり，A，Bの２人でやると，Cが１人でやるときと同じだけの時間がかかります。このとき，次の各問いに答えなさい。

ア．Ａが１人でこの仕事をすると何時間かかりますか。

イ．Ｂが１人でこの仕事をすると何時間かかりますか。

ウ．最初にA，Bの２人でこの仕事をしていました。途中からＣも加わり３人で仕事を進めたところ全体で28時間かかりました。Ｃが仕事をしたのは何時間ですか。

エ．担当者を決めて毎日１人が休みながら，２時間ずつ作業をすることにしました。１日目はＡが休み，２日目はＢが休み，３日目はＣが休むことを同じように繰り返します。この仕事が終わるまでに何日かかりますか。

8　りなさん，まいさん，たくさんの３人は数の表し方について話をしています。以下の会話文を読み，あとの問いに答えなさい。

りな：ねぇねぇ，パソコンって０と１の２種類の数字だけで計算しているらしいよ。

まい：え？でも，私はパソコンで電卓機能を使ったことがあるよ。０から９までの数字があったわよ。

たく：パソコンの内部では０と１の２つの数を使って情報を処理しているんだって。パソコンにとっては電流のオンとオフが０と１に対応していて２進数が便利だと聞いたことがあるなぁ。

まい：何それ，２進数ってどういうこと？

りな：あー，そんなこと言ってたかも。私たちの使う数の表し方は10進数，パソコンが使う数の表し方は２進数って言うんだって。いま，この違いについてとっても興味があって調べてるんだ。

まい：でも，０と１だけでどうやって数えるの？　例えば，９はどう表すの？

たく：９はあとで考えるとして，まず２進数を10進数で表してみようか。

りな：じゃあ，２進数の1011は，10進数ではいくつになるの？

たく：例えば，10進数の532は，100が５個，10が３個，１が２個っていう意味でしょ。それに対して，２進数の1011は，左から，８が１個，４が０個，２が１個，１が１個っていう意味なんだ。

まい：どうして，８，４，２，１なの？

たく：10進数は，1000の位（10^3の位），100の位（10^2の位），10の位（10^1の位），１の位になってるよね。僕は同じように，２進数は，８の位（2^3の位），４の位（2^2の位），２の位（2^1の位），１の位って考えてるんだ。（注：2^3は$2\times2\times2$，2^2は2×2のことです。）

10進数

1000の位（10^3の位）	100の位（10^2の位）	10の位（10^1の位）	1の位（1の位）
	5	3	2

2進数

8の位（2^3の位）	4の位（2^2の位）	2の位（2^1の位）	1の位（1の位）
1	0	1	1

りな：なるほど，じゃあ，２進数の1100を10進数で表すと ［　①　］ ってことね。

たく：正解！

まい：わかったわ。それじゃあ，10進数を２進数に表すにはどうするの？

たく：そうだね，じゃあ10進数の13を２進数で表してみよう。13を８，４，２，１に分ければいいんだ。まず，13の中に８はいくつあるかな。

りな：13 ÷ ８ ＝ １あまり５なので，13の中に８は１つね。つまり８が１つとれて，５あまるわ。

たく：そうだね。そして同じように，５から４が１つとれて，あとは１が１つだね。つまり，13 ＝ ８ ×［1］＋ ４ ×［1］＋ ２ ×［0］＋ １ ×［1］なので，２進数の13は，1101ってことになる。

まい：ということは，10進数の９は２進数ではどう表されるの？

りな：同じように考えると，10進数の９を２進数で表すと， ［　②　］ ってことね。

ア．①に入る数を答えなさい。

イ．②に入る数を答えなさい。

ウ．２進数の10110を10進数で表しなさい。

エ．２進数の1001 ＋ 101を計算し，２進数で答えなさい。

【三】

問一

問二

問三

問四

問五

問六

問七

問八

問九

問十

問十一

問十二

【四】

問一 ① ② ③

問二 ① ② ③

問三 ① ② ③ ④

2024 SK
2024(R6) 山梨学院中　専願
教英出版

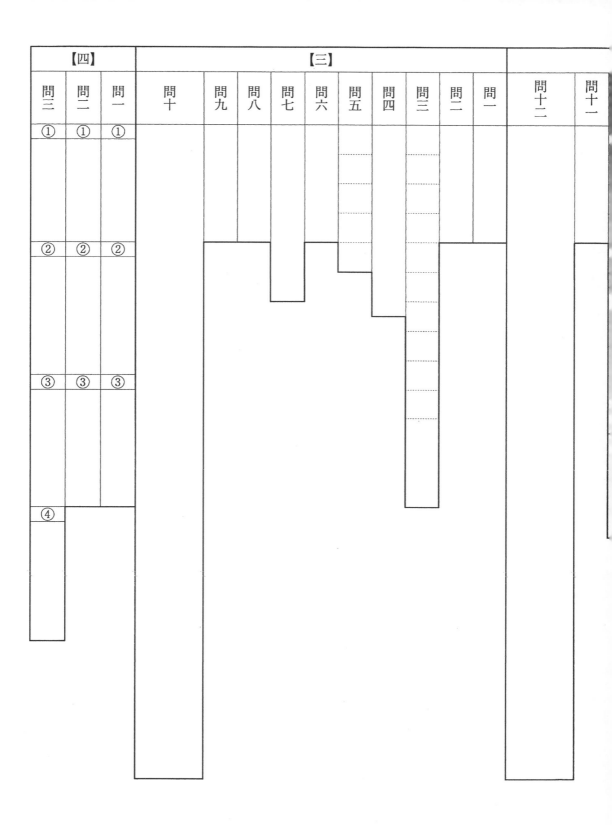

算　数

受験番号	氏　　名

※印のところには、なにも書いてはいけません。

得点	※	※

※150点満点
（配点非公表）

（切り取ってはいけません）

算　数

解　答　用　紙

※印のところには、なにも書いてはいけません。

得点	※	※

1	ア	
	イ	
	ウ	
	エ	
	オ	
	ア	円

5	ア	毎分　　m
	イ	分後
	ウ	m
6	ア	
	イ	
	ウ	個

【解答

2	ウ	
	エ	個
	オ	年後
3	ア	cm^3
	イ	cm^3
	ウ	cm^3
4	ア	cm^2
	イ	cm^2
	ウ	倍

	オ	
7	ア	時間
	イ	時間
	ウ	時間
	エ	日
8	ア	
	イ	
	ウ	
	エ	

2024 SS

国語

受験番号

氏名

※印のところには、なにも書いてはいけません。

得点 ※

※100点満点（配点非公表）

（切り取ってはいけません。）

国語

解答用紙

※印のところには、なにも書いてはいけません。

得点 ※

【一】

① ② ③ ④ ⑤

⑥ ⑦ らか ⑧ ⑨ わ ⑩ しい

【二】

問一

問二

問三

問四 〜

問五 a b c d

問六

問七

問八 B C

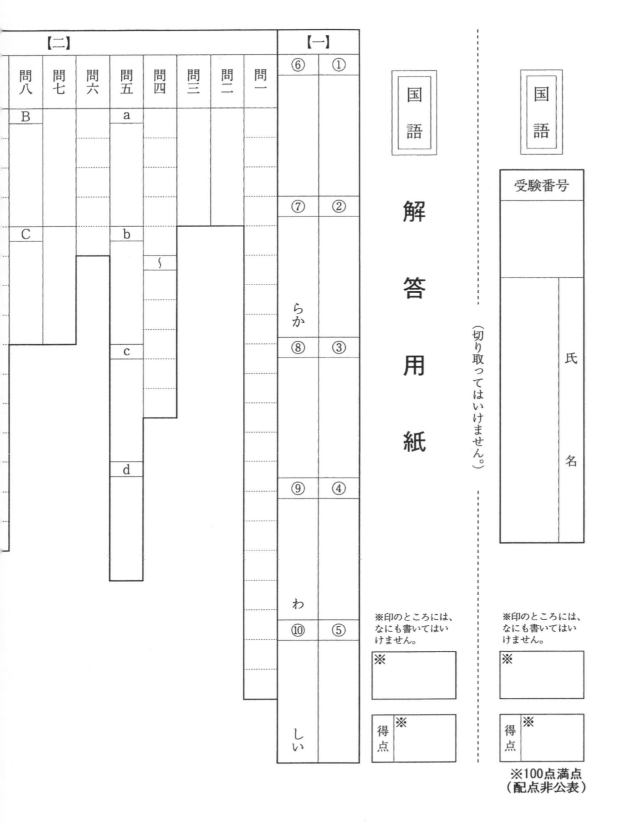

4 次のそれぞれの図形について各問いに答えなさい。ただし，円周率は3.14として計算しなさい。

ア．次の三角形の面積は何 cm^2 ですか。

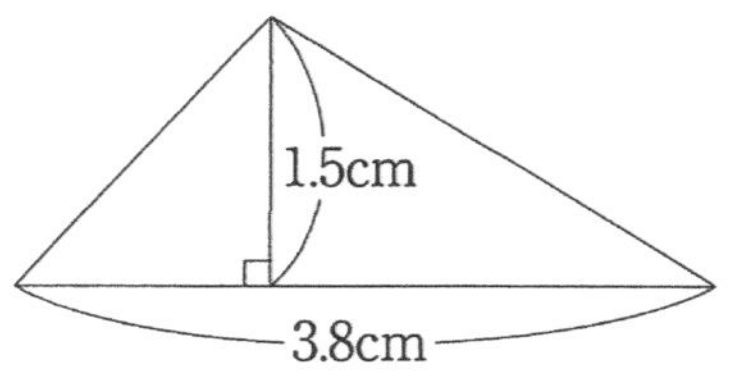

イ．次の図は正方形と半円を組み合わせた図形の一部にかげをつけたものです。
かげをつけた部分の面積は何 cm^2 ですか。

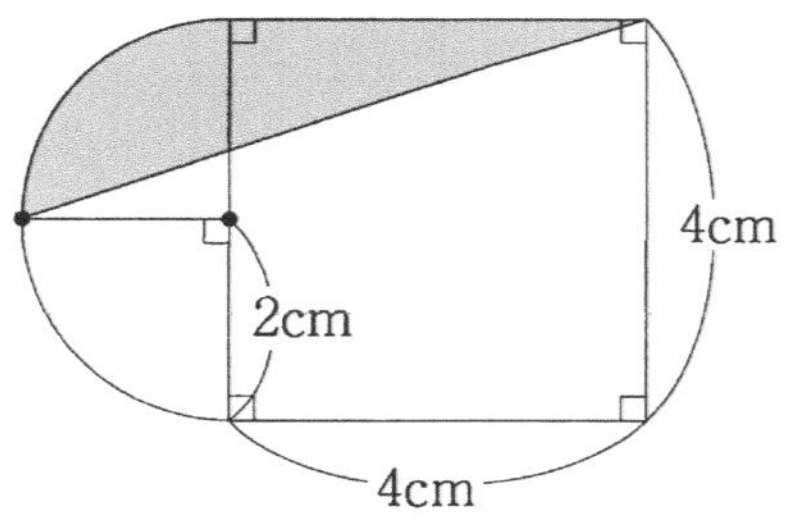

ウ．次の図のように，ADとBCが平行である台形ABCDを直線AEで台形と三角形に分けました。台形AECDの面積は三角形ABEの何倍ですか。

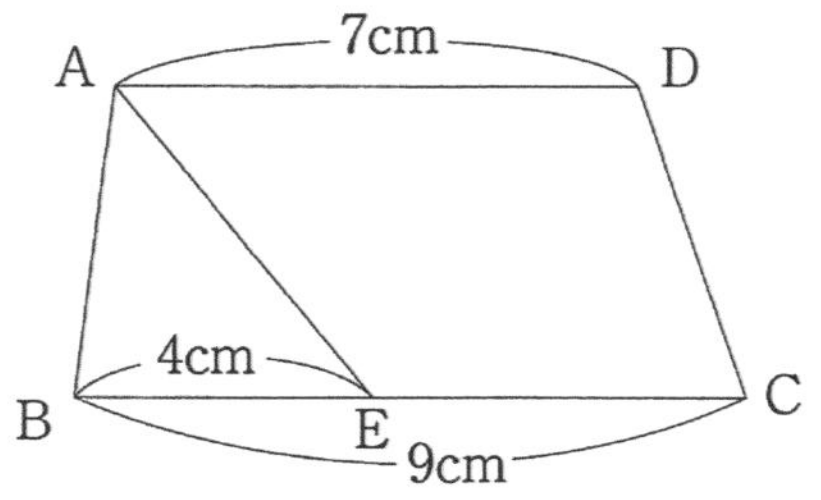

ウ．たて 3cm，横 7cm，高さ 6cm の直方体の容器に水が 4cm の高さまで入っています。この直方体を図の矢印の方向に 45° 傾けたときに流れ出る水の量は何 cm^3 ですか。ただし，容器の厚みは考えないものとします。

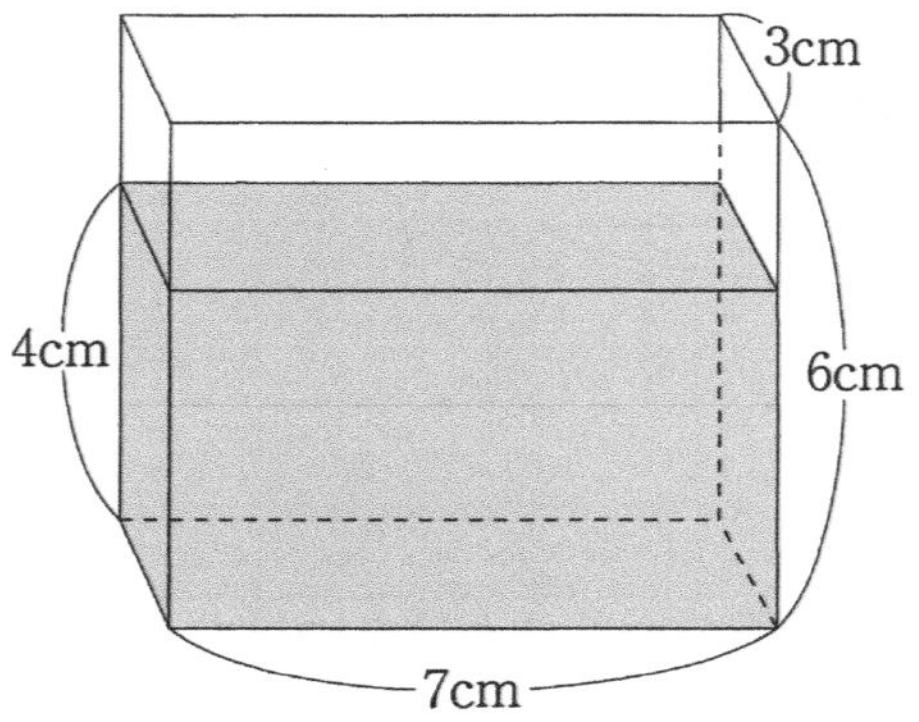

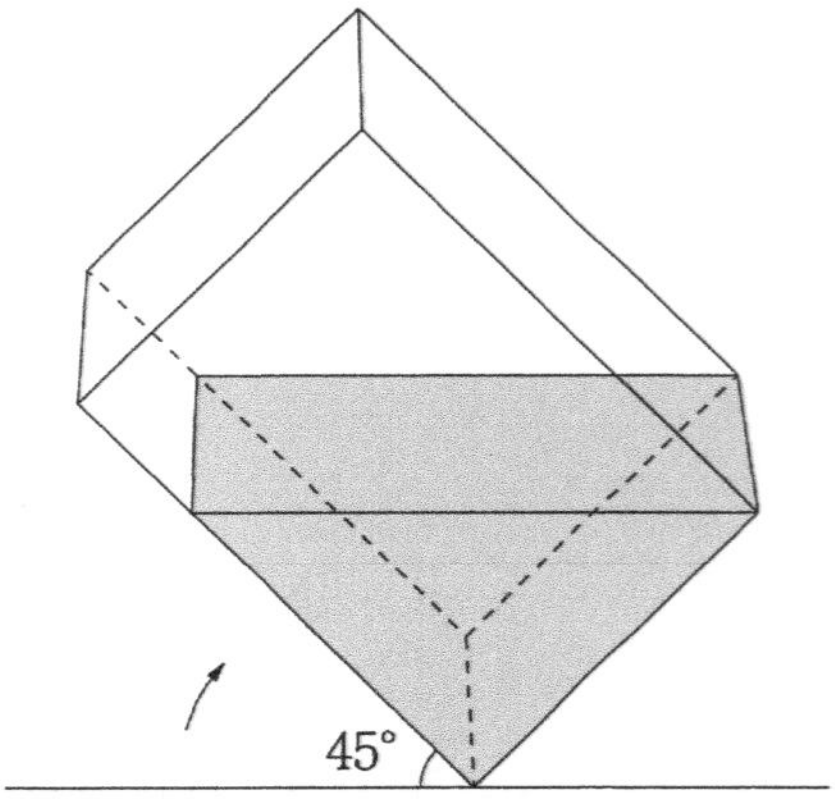

3 次のそれぞれの図形について各問いに答えなさい。ただし，円周率は 3.14 として計算しなさい。

ア．右の図は円柱を半分に切った立体です。この立体の体積は何 cm^3 ですか。

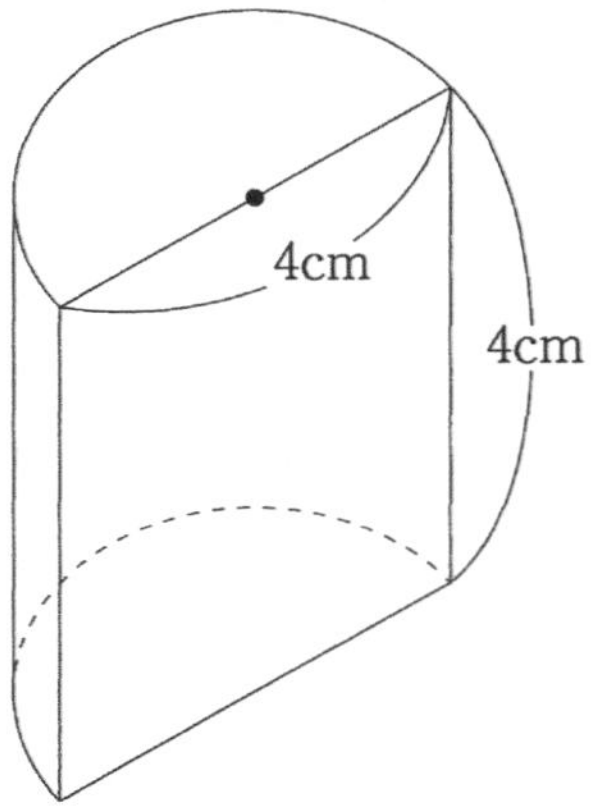

イ．直方体から正四角柱と 4 分の 1 の円柱を取り除いた立体があります。図 1 はその立体を正面から見た図で，図 2 は真上から見た図です。この立体の体積は何 cm^3 ですか。

図 1

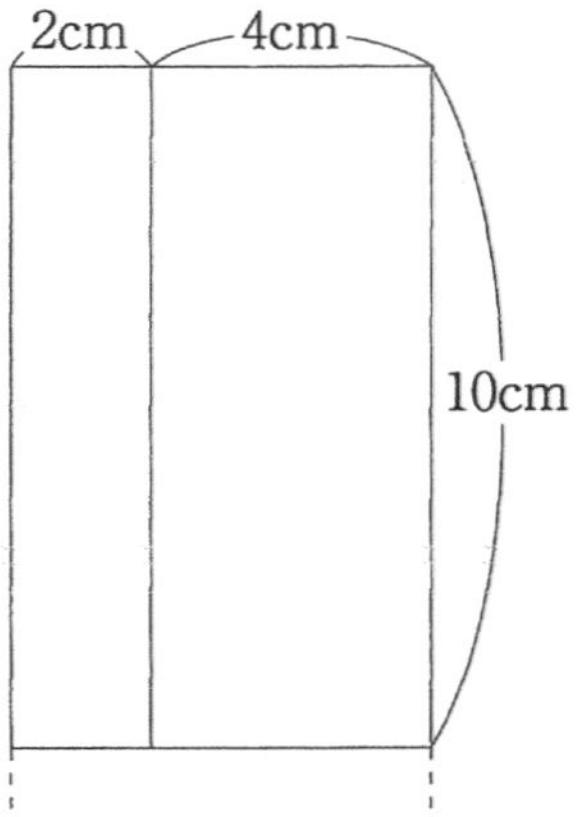

図 2

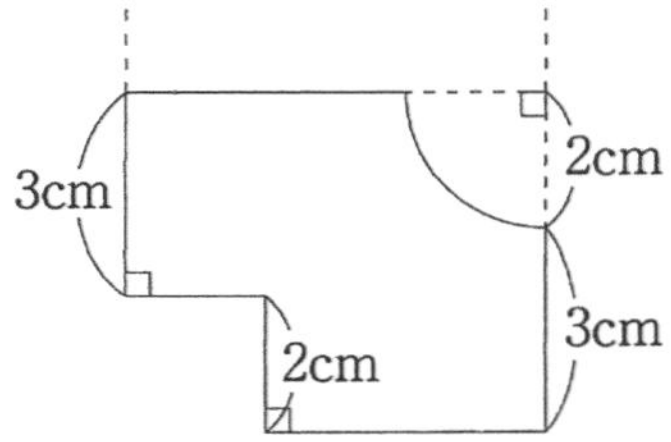

2 次の各問いに答えなさい。

ア．１個 2000 円で仕入れた商品に３割の利益が出るように定価を決めました。この商品の定価はいくらですか。

イ．800m の道のりを 15 分かけて歩きます。歩く速さは毎時何 km ですか。

ウ．140 と 364 の最大公約数はいくつですか。

エ．１個 80 円のみかんと１個 100 円のりんごを合わせて 20 個買い，1700 円はらいました。このとき，りんごは何個買いましたか。

オ．今，太郎くんは 13 歳，太郎くんのお母さんは 37 歳です。お母さんの年齢が太郎くんの２倍になるのは何年後ですか。

1 次の計算をしなさい。

ア．$4253 - 105 \times 23$

イ．$26 - 8 \times (5 - 3) + 15 \div 3$

ウ．$3\frac{1}{3} + \frac{5}{12} - \frac{3}{4} - \frac{1}{2}$

エ．$12.5 \times 23 + 12.5 \times 4 - 12.5 \times 7$

オ．$5.9 \div 0.4 - 1\frac{1}{8} \div \left(\frac{5}{6} - \frac{3}{4}\right)$

2024年度

入学試験問題（専願）	算　数

注　意

1. 始めの合図があるまでは，次をあけてはいけません。

2. 受験番号・氏名を問題用紙と解答用紙の両方に書きなさい。

3. 試験時間は60分です。

4. 解答はすべて別紙の解答用紙の決められた場所に，はっきり記入しなさい。

5. 問題の印刷がはっきりしなくて読めないときは，静かに手をあげて係の先生がそばに来るのを待ちなさい。

6. 終わりの合図があったら係の先生の指示を受けなさい。

受験番号	氏　　　名

「飲食店とか弁当屋さんとか、食べ物を出したり売ったりするのに必要な資格のこと」

「そんなの持ってるの？」

「まあね。※大吉《だいきち》で働くことになったときに、馬場下《ばばした》さんから、講習を受ける費用は出すからって言われて。一日講習を受ければ取れるのよ。それに持っておくと、後で別のところでも役に立つかもしれないしね」

「それって、調理師の免許とは違《ちが》うものなの？」

「調理師の免許は、取るのが難しいっていうか、実習とか試験とかあるらしいけど、あれはあくまで調理師を名乗るための資格で、なくても飲食店や弁当販売店はできるのよ、食品衛生責任者の免許さえあれば」

　母ちゃんは少し自慢《じまん》気味に両手を[A]に当てた。

「で、その食品なんたら免許を持ってたら、どうなの」

「おばあちゃんが言うには、江口さんが連れて来たっていう、その小倉さんのお店で、おばあちゃんが作った総菜を出したいって言われたんだって。それで、おばあちゃんが言うには、私が納入する、という形にしたいから協力してもらえないかって」

「何でいちいち、母ちゃん経由でなきゃいけないの。ばあちゃんが直接、その店に渡《わた》せばいいんじゃないの」

「小倉さんの方は、できれば資格を持ってる人から仕入れるっていう形にしたいと言ってるんだって。ほら、そうじゃないと、お客さんから聞かれたときに説明しにくいでしょ。かといって、おばあちゃんが今さら免許を取るのもあれだし。でも一番の理由は、おばあちゃんは一人でやる自信がないってことなのよ。ある程度の分量を注文されたときに、材料の仕入れとか、運搬《うんぱん》とか、①足を持ってる人間が協力しないと回らないだろうし、衛生管理もしなきゃいけないし」

　②江口さんも小倉さんも、そんなことは言っていない。光一は、ばあちゃんの意図を理解した。③得意技の、優しいうそだ。母ちゃんが大吉を辞めたことや、フリーペーパーを投函《とうかん》して回るパート仕事が気に入っていないようだということは、ばあちゃんも知っている。だから、助けを求めるふりをして、母ちゃんが力を発揮できそうな仕事を※仲介しようと

しているのだ。

「ばあちゃんは、自信がないって言ってるの？」

「自信がないっていう言い方はしてないけど、一人だと大変だし、免許のこともあるので、一緒にやってもらえるとありがたいから、考えてみてくれないかしら、だって。急に言われても困るんだけどねー」

母ちゃんは言葉とは裏腹に、④ほおが緩《ゆる》んでいた。

「それっておカネになるの？」

「そうでもないんじゃない？　おばあちゃんは、利益はそのまま家に入れればいいって言ってくれてるけど、話を聞いた限り、小倉さんの店自体がこぢんまりしたところで、お客さんの数もたいしたことなさそうだし」

「じゃあ、今やってる仕事の方がよさそうなんだ」

「多分ね。でも、ほら、最初のうちはたいしたことなくても、もしかしたら少しずつ注文が増えてくるかもしれないじゃない。取引先を増やしていくっていう手もあるし」

「おばあちゃんが作る料理の味、知ってるの？」

「知ってるに決まってるでしょ」母ちゃんは平然と言った。「冷蔵庫に残ってるのを、ときどき［B］ことぐらいはあるんだから。傷んだりしたら、もったいないでしょ」

母ちゃんがばあちゃんの料理を食べるのを見たことがなかった。でも、［C］つまみ食いしてたわけか。光一は⑤噴《ふ》き出したくなるのをこらえて、「ふーん、知ってたのか」とうなずいておいた。

「どうしようかしらねえ」母ちゃんは腕《うで》組みをして、溜息《ためいき》をついた。「おばあちゃん一人にそういうことをやらせるのって、やっぱり心配だしね」

絶対にやる気じゃん。⑥光一はそう確信しつつ、「まあ、じっくり考えて決めたら？」と言っておいた。

（山本　甲士「ひかりの魔女」）

※仲卸……他の業者から商品を仕入れて小売店に販売する業者。

※大吉……母がパートとして勤めていた総菜店。

※仲介……双方の中に立って、ある目的や必要なものにおいて好都合なようにはかること。なかだち。

問一　‖「さえ」と同じ意味・用法のものを次から選び、記号で書きなさい。

ア　妹でさえできる。　イ　時間さえあればできる。

ウ　風に加え、雨さえ降ってきた。　エ　頭がさえない。

問二　［A］に当てはまる言葉を選び、記号で書きなさい。

ア　頭　イ　肩　ウ　腰《こし》　エ　膝《ひざ》

問三　——線①「足を持ってる」とあるが、ここではどのような意味の言葉か。十字程度で説明しなさい。

問四　――線②「江口さんも小倉さんも、そんなことは言っていない」とあるが、ばあちゃんが母に「江口さん」や「小倉さん」が言っていたこととして勝手に伝えた内容としてふさわしいものを次から選び、記号で書きなさい。

ア　母が直接渡すのではなく、できれば食品衛生責任者の資格を持っているばあちゃんが納入する形にしたいので協力してほしい。

イ　ばあちゃんが直接渡すのではなく、できれば食品衛生責任者の資格を持っている母が納入する形にしたいので協力してほしい。

ウ　ばあちゃんがお店に立つのではなく、お客さんに聞かれた時にしっかりと商品の説明ができるよう資格を持つ母に協力してほしい。

エ　大量の注文を受けたときにばあちゃん一人では対応が難しいだろうから、体力もあり調理師の資格も持つ母に協力してほしい。

問五　――線③「得意技の、優しいうそ」とは、ここでは具体的にどのようなことを指しているか。同じ段落の中から一文で探し、初めの五字を書き抜きなさい。

問六　――線④「ほおが緩んでいた」とあるが、ここから母のどのような気持ちが想像できるか。次から選び、記号で書きなさい。

ア　ばあちゃんにほめられて、とても誇《ほこ》らしい。
イ　ばあちゃんに頼りにされて、とても嬉しい。
ウ　ばあちゃんに過去の頑張りを認めてもらえ、気恥ずかしくなっている。
エ　ばあちゃんの役に立てて、恩返しができると張り切っている。

問七　[B]に当てはまるように、「食べる／もらう」のけんじょう語を書きなさい。

問八　[C]に当てはまる言葉を次から選び、記号で書きなさい。

ア　こっそり　　イ　とっさに　　ウ　実に　　エ　なかなか

問九　――線⑤「噴き出したくなる」のここでの意味を次から選び、記号で書きなさい。

ア　言いたくてがまんできない。　　イ　ひとこと言いたくなる。

ウ　内にあるものが勢いよく外に出そうになる。　　エ　こらえきれずに笑いだしたくなる。

問十　――線⑥「光一はそう確信しつつ、『まあ、じっくり考えて決めたら?』と言っておいた」とあるが、光一は母のどのような様子から、何を確信したのか。説明しなさい。

【四】　次の問いに答えなさい。

問一　次の――線の漢字は書きまちがえた漢字です。それぞれ正しい漢字を書きなさい。

①　独り事をつぶやく。

②　政治に感心をいだく。

③　海外を旅して見分を広める。

問二　次の部首に分類される漢字をあとから一つずつ選び、それぞれ記号で書きなさい。

①　しんにょう　②　のぎへん　③　こざとへん

ア　階　イ　原　ウ　池　エ　道　オ　秋　カ　都

問三　次の熟語の構成と同じ構成の熟語を後から選び、それぞれ記号で書きなさい。

①　収納

②　縦横

③　山頂

④　洗顔

ア　強敵　　イ　苦楽　　ウ　忠誠　　エ　養蚕

	エ	点	
	オ	りんご　個	みかん　個
3	ア	cm^2	
	イ	cm^2	
	ウ	cm^2	
	エ	cm	
4	ア	cm^3	
	イ	L	
5	ア	枚	
	イ	枚	
	ウ	白　枚	黒　枚
	エ	番目	

		③		
	イ	④		
	ウ	⑥	⑦	⑧
8	エ	⑤に入る数		
		理由		

2024 IS

国語

受験番号

氏名

※印のところには、なにも書いてはいけません。

得点	※

※100点満点（配点非公表）

（切り取ってはいけません。）

国語

解答用紙

※印のところには、なにも書いてはいけません。

得点	※

【一】

① ② ③ ④ ⑤ す

⑥ ⑦ ⑧ ⑨ ⑩

【二】

問一 読み 意味

問二

問三

問四

問五

問六 〜

4　次の図のような円柱と直方体を組み合わせて作った容器があります。この容器に上から水を入れるとき，次の問いに答えなさい。ただし，円周率は 3.14 として計算しなさい。また，容器の厚さは考えないものとします。

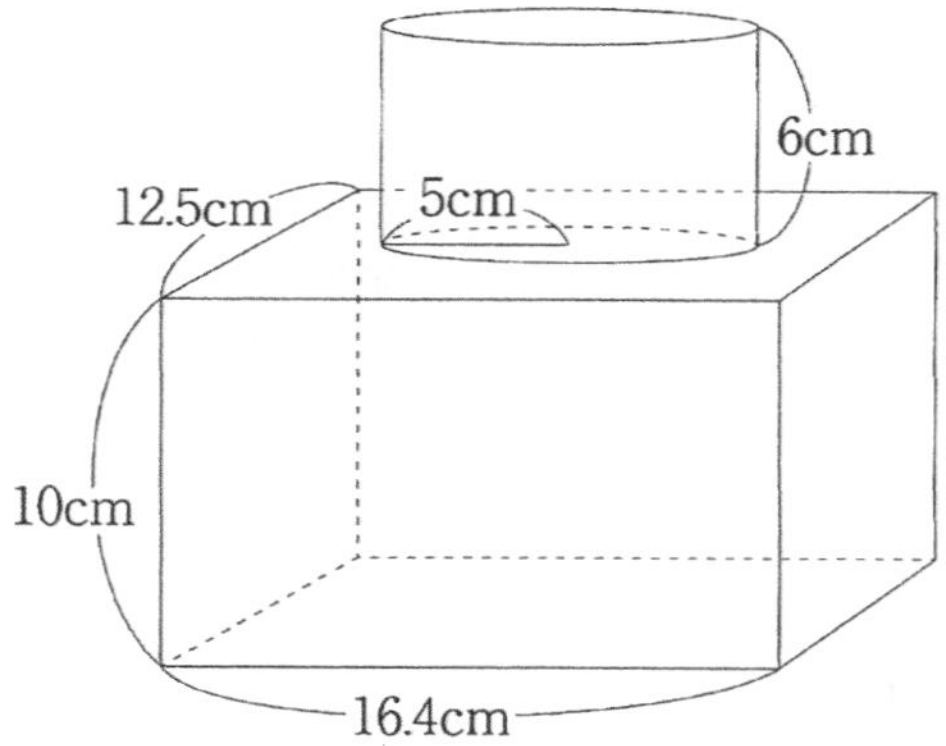

ア．この容器いっぱいに水をいれると，水は何 cm^3 入りますか。

イ．下から 8cm のところまで水を入れるとき，水の容積は何Ｌになりますか。

2024(R6) 山梨学院中　一般
K 教英出版

3 下の図は，台形 ABCD を，１つの直線と半径 6cm の円の円周の一部で３つの部分に分けたものです。この３つの図形をそれぞれ①，②，③とするとき，次の各問いに答えなさい。ただし，円周率は 3.14 として計算しなさい。

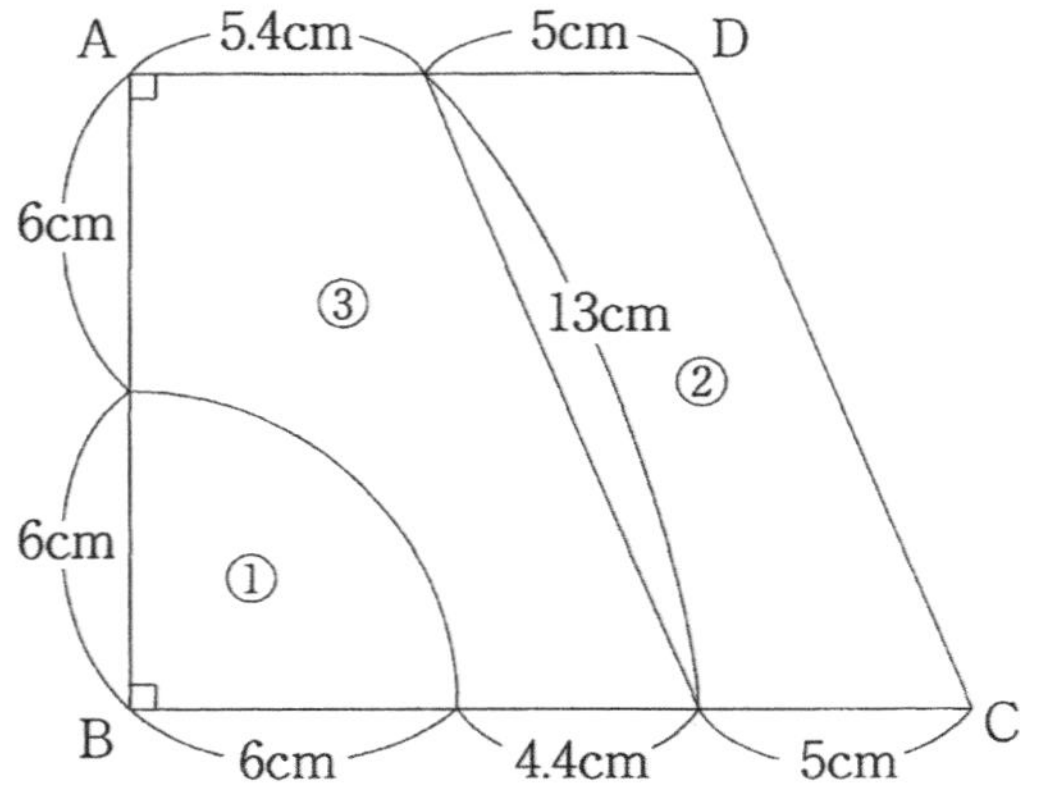

ア．①の図形の面積を求めなさい。

イ．②の図形の面積を求めなさい。

ウ．③の図形の面積を求めなさい。

エ．③の図形の回りの長さを求めなさい。

2 次の各問いに答えなさい。

ア．1，2，3のカードを1枚ずつ使って3けたの整数をつくるとき，何通りの数が出来ますか。

イ．7.7km の道のりを毎分 55m で歩くと何時間何分かかりますか。

ウ． 6と9の公倍数のうち，もっとも 100 に近い数を答えなさい。

エ．たかしさんの国語，理科，社会の3科目の点数の平均点は 76 点でした。算数の得点が 82 点のとき， 4科目の平均点はいくらになりますか。

オ．200 円のかごに， 1個 120 円のりんごと1個 50 円のみかんを合わせて 16 個つめたところ，全部で 1420 円になりました。りんごとみかんをそれぞれ何個買ったか求めなさい。

2024(R6) 山梨学院中 一般
K 教英出版

1 次の計算をしなさい。

ア. $25 + 17 \times 8$

イ. $4 \times 0.52 - (1.1 - 0.14) \div 8$

ウ. $1\frac{2}{5} \div \frac{2}{3} - \frac{3}{4} \times \frac{1}{5}$

エ. $3.5 \times 12.6 + 1.2 \times 12.6 - 4.7 \times 2.6$

オ. $\frac{3}{2} \times (5.1 - 3.9) - 0.25 \div 1\frac{2}{3}$

2024年度

入学試験問題（一般）	算　数

注　意

1. 始めの合図があるまでは，次をあけてはいけません。

2. 受験番号・氏名を問題用紙と解答用紙の両方に書きなさい。

3. 試験時間は60分です。

4. 解答はすべて別紙の解答用紙の決められた場所に，はっきり記入しなさい。

5. 問題の印刷がはっきりしなくて読めないときは，静かに手をあげて係の先生がそばに来るのを待ちなさい。

6. 終わりの合図があったら係の先生の指示を受けなさい。

受験番号	氏　　名

「まあ」

驚《おどろ》いたのは夏夜さんだ。

「あなたが、そしたら、さっちゃんだったの。まあ。私、覚えてるわ。あなたがこんなに小さかった頃。まあ」

「夏夜は知らないで、彼女《かのじょ》とずっとおつきあいしてたの」

レイチェルが嬉《うれ》しそうにいった。

「ええ。ただ、自分でもわからずにこのお店にひかれて来ていたの。①妙さんのお導きかもしれない。不思議なこともあるものねえ」

そういって、夏夜さんはさっちゃんの手をとった。

「母の、導き、でしょうか？」

さっちゃんは、その言葉を②はんすうするようにいった。

「私は、あまり、母に愛されたような記憶《きおく》がないのですが」

夏夜さんの目が強く光った。

「妙ちゃんのこと、許してあげて。わかってあげてね。大変だったのよ」

夏夜さんらしからぬ、無神経な言い方だ、とさっちゃんは思った。

人が人をわかろうと努力するときは、既《すで》にほとんど半分ぐらいは許せる気になっているものだ。

［ A ］、さっちゃんは、母親のことをわかろうなんてしたことがなかった。正直いって、③母親のことは努めて考えまいとしてきた。だれが痛む傷口を開いて中を見ようとするだろう。

「母親に関しては、私には傷を受けたような記憶しかないんです」

さっちゃんは、夏夜さんから目をそらしながらいった。夏夜さんといえども、この領域には踏《ふ》み込《こ》んで欲しくない。

「妙さん自身も深い傷を負った人だったわ……」

夏夜さんはつらそうに呟《つぶや》いた。

「結局、ダメージだけが、受け継《つ》がれて……」

さっちゃんが低い声で独り言のようにいった。

「プラスにしろ、マイナスにしろ、人は遺産からは逃《に》げようがないのかしら」

レイチェルは漠《ばく》然と裏庭のことを考えながらいった。

——あれこそが、※バーンズ家の本当の遺産なのだ。あれは※レベッカのもので、自分は、その継承からは無縁《むえん》だと思っていたけれど……。

「あ、申し訳ありません。折角の席を、暗い話にしてしまって……。傷なら傷で、（　　）でも付けてさっさと治してしまわなければなりませんね」

さっちゃんは、急に仕事の顔に戻《もど》って明るく微笑《ほほえ》んだ。

レイチェルがたしなめた。

「私には、あなたがたの間に何があったのかわからないけれど、さっちゃんには、きっとまだ生々しい傷なのよ。無理に治そうなんてしないほうがいい。（　　）を付けて、表面だけはきれいに見えても、中のダメージにはかえって悪いわ。傷をもってるってことは、飛躍《ひやく》のチャンスなの。だから、充分《じゅうぶん》傷ついている時間をとったらいいわ。（　　）や④鎧《よろい》で無理にごまかそうなんてしないほうがいい」

鎧という言葉で、夏夜さんははっとした。

「あの、私は、自分の子どものことでとてもつらい思いをしたとき、傷つくまいとして、全体に鎧をまとっていたような時期があったの。……さっちゃんには話したと思うけど……。あなたはそれがまちがっていたと思う?私は決してケンカ腰《ごし》にきいているんじゃないのよ。ただ、私にも、あの時期のことはちょっとひっかかっていて……。参考までにききておきたいの」

「鎧をまとってまで、あなたが守ろうとしていたのは何かしら。傷つく前の、無垢《むく》のあなた？でも、そうやって鎧にエネルギーをとられていたら、鎧の内側のあなたは永久に変わらないわ。⑤確かに、あなたの今までの生活や心持ちとは相容れない異質のものが、傷つけるのよね、あなたを。でも、それは、その異質なものを取り入れてなお生きようとするときの、あなた自身の変化への準備ともいえるんじゃないかしら、『傷つき』って」

「まさか、だからおおいに傷つけっていうんじゃないんでしょうね」

「違《ちが》う、違う。傷ついたらしょうがない、⑥素直にまいっていればいいっていうのよ」

「いつまでよ」

「生体っていうの自然に立ち上がるもんよ。傷で多少姿形が変わったとしても」

「レイチェル、あなたもだいぶ苦労したのね」

夏夜さんはにやりと笑った。

「はっはっは。傷だらけの人生よ。⑦私は面の皮が厚かったから、鎧なんて必要なかったの。ちょっとはこたえることもあったけどね。でも、そういうとこが、⑧私を変化させる唯一《ゆいいつ》のものだとある日気づいたのよ」

「面の皮だなんて……。あなたの日本語はすごいわねえ、まったく」

夏夜さんは、さっちゃんに同意を求めるように視線を合わせた。

「なんだか、圧倒《あっとう》されてしまいました……。なんか……。とりあえず、しばらくうじうじしてたっていいってことですね」

「好きなだけ。いくらでも」

レイチェルはウインクしてうけあった。

（梨木　香歩「裏庭」新潮文庫刊）

※皮肉屋……会話の最中に意地悪な物言いをする人のこと。
※たゆとうっていた……ゆらゆらと動いて定まっていなかった。
※バーンズ家……レイチェルの生家。
※レベッカ……バーンズ家の姉妹の妹。姉はレイチェル。

問一 ――線a「射し」、b「年月」、c「優しく」、の言葉の品詞名を次から選び、それぞれ記号で書きなさい。

ア 名詞　　イ 形容詞　　ウ 動詞

問二 ――線①「妙さんのお導き」とあるが、どういうことか。適切なものを次から選び、記号で書きなさい。

ア 夏夜さんは、さっちゃんが妙さんの娘だと知らなかったが、レストランに通い始めたのは妙さんがきっかけだったと思い出したということ。

イ 夏夜さんは、さっちゃんが妙さんの娘だと知らなかったが、レストランに長年通っていたのは妙さんが引き付けてくれていたと思ったということ。

ウ 夏夜さんは、さっちゃんが妙さんの娘だと前から知っていたから、レストランに長年通いつづけていたということ。

エ 夏夜さんは、さっちゃんが妙さんの娘だと前から知っていたが、自分がなぜレストランに通うのか考えたことはなかったということ。

問三 ――線②「はんすう」の類義語を次から選び、記号で書きなさい。

ア 反復　　イ 反対　　ウ 反論　　エ 反抗《こう》

2024 IK
2024(R6) 山梨学院中　一般
教英出版

問四　A　に当てはまる言葉として、適切なものを次から選び、記号で書きなさい。

ア　だから　イ　例えば　ウ　けれど　エ　なぜなら

問五　――線③「母親のことは努めて考えまいとしてきた」とあるがそれはなぜか。本文中の言葉を使って、十五字以内で書きなさい。

問六　本文中の（　　）に共通して当てはまる言葉を考え、漢字一字で書きなさい。

問七　――線④「鎧で無理にごまかす」とあるが、どういうことか。「心」「傷」という言葉を用いてわかりやすく説明しなさい。

問八　――線⑤「異質なもの」を言い換えて説明した部分を、解答らんに合うように十七字で探し、始めと終わりの三字を書き抜きなさい。

問九　――線⑥「素直にまいっていればいい」と同じ内容が書かれている部分を、これより前から十七字で探し、初めの五字を書き抜きなさい。（句読点も字数に含む）

問十　――線⑦「面の皮が厚かっ」とあるが、「面の皮が厚い」の言葉の意味として適切なものを選び、記号で書きなさい。

ア　心が強くあること。　　イ　顔が広いこと。
ウ　守ってくれる人がいること。　　エ　ずうずうしいこと。

問十一　――線⑧「私を変化させる唯一のもの」とは何だとレイチェルは言っているか。本文中から三字で書き抜きなさい。

2024 IK
2024(R6) 山梨学院中　一般
K 教英出版

【四】　次の問いに答えなさい。

問一　次の（　　）にあてはまる適切な言葉を後から選び、それぞれ記号で書きなさい。

①　トランプを（　　）に三枚ずつくばる。
②　その場に（　　）服装を着よう。
③　友達の悪口は（　　）言わない。
④　ぜひ、この映画を見て（　　）。
⑤　彼は（　　）りっぱだ。

ア　ふさわしい　　イ　めいめい　　ウ　実に　　エ　決して　　オ　ほしい

問二　次の文について、敬語の使い方が正しいものには○を、正しくないものには×を、それぞれ書きなさい。

①　校長先生がお待ちになる。
②　校長先生がお待ちする。
③　ぼくは昨日、先生にお会いした。
④　温かいうちにいただいてください。
⑤　ゆっくりとご覧《らん》ください。

二〇二三年度

入学試験問題（一般）

国語

山梨学院中学校

注意

一、始めの合図があるまでは、次をあけてはいけません。
二、受験番号・氏名を問題用紙と解答用紙の両方に書きなさい。
三、試験時間は五十分です。
四、解答はすべて別紙の解答用紙の決められた場所に、はっきり記入しなさい。
五、問題の印刷がはっきりしなくて読めないときは、静かに手をあげて係の先生がそばに来るのを待ちなさい。
六、終わりの合図があったら、係の先生の指示を受けなさい。

受験番号	氏名

2023 IK
2023(R5) 山梨学院中　一般
教英出版

【一】次の――線のカタカナを漢字に、漢字には読みがなをひらがなで書きなさい。

① 未来をツクるのは、自分自身。
② コクモツを倉庫に移す。
③ 外で食事をスます。
④ 友人からショウタイジョウが届く。
⑤ フッキュウ工事が進む。
⑥ 税金を納める。
⑦ ふもとより山頂を望む。
⑧ 仁愛の心を育てる。
⑨ 十人十色、みんな違っていい。
⑩ 文化財である仏像の保護。

【二】次の文章を読み、後の問いに答えなさい。

「ナック」は、研究者である筆者が長年研究対象として観察を続けてきた、ある水族館で飼育されていたシロイルカである。

〈一〇年後にできた「逆」〉

以前、※フィンやマスクといった物に対応する記号（「⊥」「R」）を理解することはできたが、その逆はできなかった。

それから一〇年。ふと思いついて、もう一度同じことをやってみようと思った。

ナックに、まず物（フィンまたはマスク）を見せた後、記号（「⊥」または「R」）を選ばせた。これは一〇年前にできた※試行。そして、その逆に、記号を見せてフィンとマスクを※呈示《ていじ》してみた。一〇年前はさんざん悩《なや》んで混乱し、正解できなかった試行である。

ところが奇跡《きせき》が起きた。

①一〇年前にあれほど悩んでできなかったのに、今回はいとも簡単に正解した。「⊥」を見せると迷うことなくフィンを選び、「［Ⅰ］」を見せたらすぐにマスクにタッチした。こうして高い正解率で、記号から物を選ぶことができたのである。②もう、一人で大拍手《はくしゅ》した。

もちろん、前回失敗してからのこの一〇年、この試行は一度もやっていないし、そもそも私の研究として企《き》画された実験であるから、ショーでやることもない。つまり、この一〇年、まったくナックはこのような試行をやっていなかった。③それなのに……である。

何が起きたのだろう。

もともとナックはふだんは水中ショーに参加しており、そこではイルカの能力を紹介《しょうかい》するパフォーマンスが行われている。物を選んだり、識別したりといったことをやってきた。また、私の研究でもナックはさまざまな認知の実験を経験している。

長年、こうしたことを経験するうちに、ナックはどこかで物を逆に考えるという発想を会得《えとく》したのではないだろうか。何度も複雑な実験やショーの種目をこなすうちに、何かの試行から発展的に考えついたのかもしれない。そうした試行の積み重ねが新たな能力を開眼させた。

そう、イルカだって勉強すれば賢《かしこ》くなるのである。

〈教えてないのになぜ？〉

初めて英語を習った人が、「アップル」という発音がリンゴのことであることを覚え、そしてそのリンゴが「apple」というスペルであることを覚えたら、「アップル」という発音を聞いただけで「apple」と書くことができる。

であれば、ナックにもこれをやってみないといけない。音を聞いてそれが表す記号を選べるかということ。この関係は一度も訓練していない。

ナックは「ピー」という音がフィンであること、そしてフィンが「⊥」で表せることは訓練で覚えている。そこで、「ピー」という音を聞かせ、目の前に「⊥」と「R」の記号を置いてみた。［Ⅱ］を調べたのだが、これは初めてである。

すると、あっという間に「⊥」を選んだ。

「ピー」という音と記号「⊥」の関係は訓練していないのに、何度やっても正解である。つまり、「音と物」の関係と「物と記号」の関係を理解したナックは、教わってもいないのに、直接、「音と記号」の関係を理解したのである。

簡単に言うと、「AならばB、BならばC」を教えたら「AならばC」を［Ⅲ］に理解したことになる。これを④推移性という。⑤三段論法のような覚え方だが、教えてもいないのにこの関係を［Ⅲ］に理解したところはヒトと同じである。

推移性はなぜ理解できるのだろう。

海に出ると、サカナの群れの上をトリがたくさん舞《ま》っていることはよく知られた光景である。イルカだってそういう光景を見たことがあるはずだ。

泳いでいて水上を飛んでいるトリの群れを見たとき、その下にサカナがいることを知っているイルカは、サカナを実際に見たわけでもないのに、きっとそのほうへ一目散に向かうに違いない。つまり、「上空にトリ→［Ⅳ］」という関係である。

［Ⅴ］、こんなふうに一方向に推移するということが生態では日常的に起きていると考えてもおかしくはない。

また、その逆もやってみた。記号を見せて鳴けるかということ。対称《たいしょう》性の関係である。ナックに突然「⊥」を見せたら「ピー」と鳴き、「＞（バケツ）」を見せたら「ヴォッ」と鳴いた。正解。これも教えてもいないのに、記号から音の関係もできた。

（一部表記を改めた）

（村山司『イルカと心は通じるか』新潮新書刊）

※フィンやマスク……水中にもぐったり泳いだりする際に身につける足ひれと、目を保護する水中メガネ。
※試行……同じ条件のもとで、実験や観測をくり返し試みること。
※呈示……差し出して見せること。

問一　――線①「一〇年前にあれほど悩んでできなかったのに、今回はいとも簡単に正解した」とあるが、その理由を筆者はどのように考えているか。それがわかる段落をここより後から探し、段落の初めの五字を書き抜きなさい。（句読点も字数に含《ふく》む）

問二　［Ⅰ］に当てはまる記号一字を本文中から書き抜きなさい。

問三　――線②「もう、一人で大拍手《はくしゅ》した」とあるが、それはなぜか。次から選び、記号で書きなさい。

ア　一〇年前は正解率が低かった試行を、今回は高確率で正解することができるようになったから。
イ　一〇年前は正しく選べなかった試行を今回はすぐに理解し、何回も正解を選ぶことができたから。
ウ　一〇年前は正解まで時間がかかった試行を、今回はすぐに理解し、正解することができたから。
エ　一〇年前はうまく理解させられなかった試行を、今回は正解させるまで教えることができたから。

問四　――線③「それなのに……である」とあるが、「……」に入る言葉を十字程度で考えて書きなさい。

問五 〜〜線ⅰ・ⅱはそれぞれどのような単語か。次から選び、それぞれ記号で書きなさい。

〈ナックはどこかで物を逆に考えるという発想を会得したのではないだろうか。何度も複雑な実験やショーの種目をこなすうちに、……〉

ア 動詞　イ 名詞　ウ 形容詞　エ 形容動詞

問六 [Ⅱ] に当てはまる言葉を次から選び、記号で書きなさい。

ア 音から物を選べるか　イ 物を音で答えられるか
ウ 記号から音を選べるか　エ 音から記号を選べるか

問七 [Ⅲ] に当てはまる言葉を次から選び、記号で書きなさい。

ア 一方的　イ 具体的　ウ 協力的　エ 自発的

問八　――線④「推移性」とあるが、この実験で正解を出せたナックは自分でどのような理解ができていたと考えられるか。「⊥」「ピー」「フィン」という言葉・記号を用いて説明しなさい。

問九　――線⑤「三段論法」とあるが、その考え方で成り立つ考え方として正しいものを次から選び、記号で書きなさい。

ア　私はケーキが好きだ　→　私は小学生だ　→　だから小学生はケーキが好きだ
イ　鳥は卵を産む　→　ペンギンは鳥だ　→　だからペンギンは卵を産む
ウ　いちごは甘《あま》い　→　いちごは植物だ　→　だから植物は甘い
エ　ぬいぐるみはかわいい　→　私はぬいぐるみを持っている　→　だから私はかわいい

問十　［Ⅳ］に当てはまる言葉を六字以内で書きなさい。

問十一　[V]に当てはまる言葉を次から選び、記号で書きなさい。

ア　例えば　　イ　または　　ウ　では　　エ　それから

【三】 次の文章を読み、後の問いに答えなさい。

〈あらすじ〉

次の文章は、平凡《ぼん》な男子中学生「梨木《なしき》」が、自分のある能力に気がつくきっかけとなった場面である。それは入学してからずっと不登校のクラスメート「三雲さん」という女の子が、入学後初めて教室に来た日だった――。

金曜日の三時間目。授業は三雲さんが来ることを想定してだろう、国語から特別活動に変更《こう》されていて、ぼくたちは三雲さんについての簡単な紹介《しょうかい》を担任の先生から聞きながら待っていた。けっしてサボっているわけじゃなく家で勉強していること、何度も学校に来ようとがんばっていること。そんなことを聞いていると、三雲さんが保健室の先生と一緒《しょ》に教室のドアを開けて入ってきた。

みんな一斉《いっせい》に三雲さんのほうを向き、声も出さず［ A ］と見守った。しんとしたせいだろうか、三雲さんはぼくらを見渡《わた》したあとすぐにうつむいて固まってしまった。①初めて入る教室に静まった雰《ふん》囲気。知らない人間がほとんどだし、ずっと休んでいたのだから、緊《きん》張はかなりのものだろう。

担任の先生は、

「みんな喜んでるよ」

「何も気にしないでリラックスして」

などと柔《やわ》らかい声であれこれ話しかけたけど、三雲さんは②※微《び》動だにしない。ここに来るだけで一大決心だったろうし、同年代が集まる教室は想像以上に※威《い》圧感があるはずだ。けれど、彼女《かのじょ》は小学校からの不登校で、このクラスで何かあったわけではない。友達もいないぶん敵もいないわけだから、そこまで気にすることはない。みんなは、「どんな子だろう」「そんな緊張しなくていいのに」くらいの気持ちでいるはずだ。③そんな空気が彼女にも伝わればいいな。ぼくはそう考えながら、三雲さんを見ていた。

先生は、

「みんな待ってたんだよ」

「恥《は》ずかしがることないよ」

「ようこそ三組に。みんな優しい子ばかりなんだ」

と次々と言葉を投げかけたけど、④どれも三雲さんにはヒットしなかった。

毎日いるから平気なだけで、四十人近く中学生がいる空間は初めて入る人にはきついだろうな。でも、ここまで来たなら、もう座ってしまったほうが楽になれるのに。三雲さんのうつむいた顔は凛《りん》としている。短い前髪《がみ》にきれいに一つに結んだ髪の毛。何かに怯《おび》えているようではあるけれど、その向こうにしっかりとした意志がある瞳《ひとみ》が見える。彼女が怖《こわ》いのはぼくたちではないのかもしれない。そんなふうに眺《なが》めていて、ぼくははっとした。今日は十月三日。二日前に衣替《が》えをした。それなのに、三雲さんは夏服を着ている。もしかしたら、彼女が引っかかっているのは、久しぶりの教室より一人だけ違《ちが》うその服装かもしれない。もう一度三雲さんを見てみると、

「夏服、大丈《じょう》夫かな」

そんなことを思っているのが彼女の中からにじみ出ているのを感じた。声が聞こえるわけではなく、 B とした空気に乗ってぼくの頭の中にその言葉が伝わってきたのだ。

ああ、そっか。教室やクラスメート。そういう根本的なものが気になっているのかと思ったら、そういうことか。でも、わかる。ぼくも、テニス部の試合でバスに乗る時とか、試合より座席が怖い先輩《ぱい》の隣《となり》ってことのほうが気になってたもんな。

そこのところ、早く先生言ってあげてくれないかなと思いながらじっと前を見据《す》えていたけど、先生は手持ちの言葉も底をついてきて、

「ほら席について」

「⑤みんな今日の日をずっと待ってたんだ」

と同じような言葉を困った顔で繰《く》り返すだけだった。

前にじっと立っているこの時間は、三雲さんには苦痛のはずだ。みんなもだんだん待つことに疲《つか》れてきているし、時間が経てば経つほど、教室の空気は固まる。このままではどうしようもない。ぼくはいてもたってもいられなくなって、すっと立ち上がると、

「⑥全然、夏服でもいいじゃん。ぼくなんかさ、ほら見て」

と、学ランの前ボタンを外した。

「この中、学校のワイシャツ着てないんだ。パジャマにしてるTシャツのまま。しかも、昔から着てるTシャ

5 兄と弟はそれぞれ家から学校までの道のりを，兄は自転車で，弟は徒歩で登校します。兄は毎分 200 m，弟は毎時 4.8 km で進みます。弟は，家を出発してから学校までたどり着くのに 18 分 45 秒かかります。このとき，次の問いに答えなさい。

ア．家から学校までの道のりは何mですか。

イ．兄は家から学校まで行くのに何分何秒かかりますか。

ウ．弟が家を出発してから 6 分後に兄が家を出発しました。兄は学校まであと何mのところで弟に追いつきますか。

6 下の図のように，規則に従って奇数が並んでいます。次の各問いに答えなさい。

1段目・・・			1		
2段目・・・		3		5	
3段目・・・		7	9	11	
4段目・・・	13	15		17	19
5段目・・・	21	23	25	27	29
⋮			⋮		

ア．7段目には数字が7個並びます。真ん中（左から4番目）に並ぶ数字は何ですか。

イ．20段目には数字が20個並びます。真ん中（左から10番目と11番目）に並ぶ数字は何と何ですか。

ウ．10段目で，1番右に並ぶ数字は何ですか。

エ．30段目で，1番右に並ぶ数字から1番左に並ぶ数字をひくと，いくつになりますか。

オ．40段目に並ぶ40個の数字を全部たすと，合計でいくつになりますか。

2023(R5) 山梨学院中　一般
教英出版

7 中学生のまきさんは家族と一緒に遊園地に遊びに行くことになりました。その遊園地は入場料は無料ですが，アトラクションに乗るのに料金がかかります。アトラクションのタイプによって料金は異なり，料金表は以下の表1のようになっています。また，フリーパス券（全てのアトラクションにも何度でも乗ることができる券）も時間帯に分けて2種類売っており，料金表は以下の表2のようになっています。遊園地の開園時間は9時，閉園時間は18時です。以下の各問いに答えなさい。ただし，アトラクションに乗っている時間は全て10分間で，出入り口・アトラクション・飲食店・土産店それぞれの間の移動時間は全て5分間とし，消費税やトイレ等その他の時間は考えないものとします。

表1【アトラクションの料金】

Aタイプ（2時間待ち）	2,000円
Bタイプ（1時間待ち）	1,500円
Cタイプ（30分待ち）	800円

表2【フリーパスの料金】

	大人	中学生（大人料金の1割引）
フリーパス券①（1日使える）	？？円	5,994円
フリーパス券②（13時以降に使える）	4,700円	？？円

ア．フリーパス券①の大人の料金は何円ですか。

イ．フリーパス券①と②の大人の料金では，1時間当たりで考えるとどちらの方が何円安いですか。

ウ．まきさんが13時に入園し，A，B，C全てのタイプのアトラクションに1つずつ乗る場合，フリーパス券②を買う方が安いですか，買わずに乗る方が安いですか。また，何円安くなりますか。

エ．まきさんは9時30分に入園し，Aタイプのアトラクションに1つ乗ったあとは，閉園時間までずっとCタイプのアトラクションに乗る計画です。飲食店と土産店でそれぞれ1時間ずつ過ごすとすると，Cタイプのアトラクションには最大何回乗ることができますか。ただし，遅くとも18時には出口に着いていることとします。

オ．まきさんは地域の子供会の行事でもこの遊園地に来たいと思い，団体料金を調べました。すると，中学生は25人以上でフリーパス券①を1人3,900円で買えることがわかりました。25人以上集まらなくても，25人分のフリーパス券を団体料金で買うことはできます。参加者が何人以上集まった場合に団体料金で買う方が安くなりますか。

8　りなさん，まいさん，たくさんの３人は学校にあるロッカーの鍵《かぎ》の番号（４桁《けた》の数字）について話をしています。以下の会話文を読み，各問いに答えなさい。

りな：ねぇねぇ，ロッカーの鍵《かぎ》っていつもかけてる？

まい：もちろん！間違えてロッカーを開けられちゃっても嫌だし，自分のものはちゃんと自分で管理していかなきゃね。

たく：防犯の習慣は学校の外でも大事になってくるもんね。でも４桁《けた》の数字って，正直みんな誕生日にしているんじゃない？

りな：あー，私そうしてる！誕生日が７月15日だから，いつも［0715］だよ。でもたまにその４つの数字を入れかえてるよ。

まい：じゃあ［0715］も入れかえると全部で（ ① ）通り考えられるね。でもそういうの，あまり他人に言わない方がいいんじゃない？

たく：僕は12月24日生まれだけど，２が２つあるから，全部で（ ② ）通りってことだね！

まい：４桁《けた》の数字は，千の位の数字も百の位の数字も十の位の数字も一の位の数字もそれぞれ０～９の10通りが考えられるから，組み合わせは全部で10 × 10 × 10 × 10 = 10000通りもあるのよね。

りな：へぇ～，そうやってかけ算すればいいんだね！じゃあ３桁《けた》の数字で，０がない１～９までの数字を使うタイプだと，組み合わせは全部で（ ③ ）通りあるってこと？

まい：その通り！こういう鍵《かぎ》の番号は，誕生日の数字ばかり使わずに，定期的に変えていくのが防犯上とても大切なことよね。

たく：インターネットとかのパスワードでも，アルファベットの大文字小文字と数字を組み合わせてって条件がついているものもあるよね。

りな：確かに！私は［Rina0715］ってすることが多いかな。アルファベットが入ることで，パスワードが予測しにくくなるんだよね！

まい：８桁《けた》だと考えにくいけど，ロッカーと同じ４桁《けた》の番号で比べてみようよ。アルファベットは全部で26通りあるから，千の位を〔アルファベットの大文字〕百の位を〔アルファベットの小文字〕十の位を〔０～９までの数字〕一の位も〔０～９までの数字〕としたとき，考えられる組み合わせは，４桁《けた》すべてが数字の10000通りのときの（ ④ ）倍にもなるんだね。

たく：そんなに変わってくるんだね！じゃあ桁《けた》数も増えて数字よりもアルファベットを多く使えば使うほど，予測しにくいパスワードが出来上がるってことだね！

りな：なるほど。もう１度自分のパスワードを見直してみようっと。

ア．①に入る数字を答えなさい。

イ．②に入る数字を答えなさい。

ウ．③に入る数字を答えなさい。

エ．④に入る数字を答えなさい。

オ．[Rina0715] の 8 桁《けた》のアルファベットと数字を並べかえたときの組み合わせは，全部で何通りありますか。

【四】		【三】													
問二	問一	問十	問九	問八	問七	問六	問五	問四	問三	問二	問一	問十一	問十	問九
① ② ③ ④ ⑤	① ② ③ ④ ⑤							〜		A B				

山梨学院中学校

算　数

受験番号	氏　　名

※印のところには、なにも書いてはいけません。

得点	※	※

※150点満点
（配点非公表）

（切り取ってはいけません）

算　数

解　答　用　紙

※印のところには、なにも書いてはいけません。

得点	※	※

1	ア	
	イ	
	ウ	
	エ	
	オ	
	ア	個

6	ア		
	イ	10番目	11番目
	ウ		
	エ		
	オ		
	ア	円	

【解答

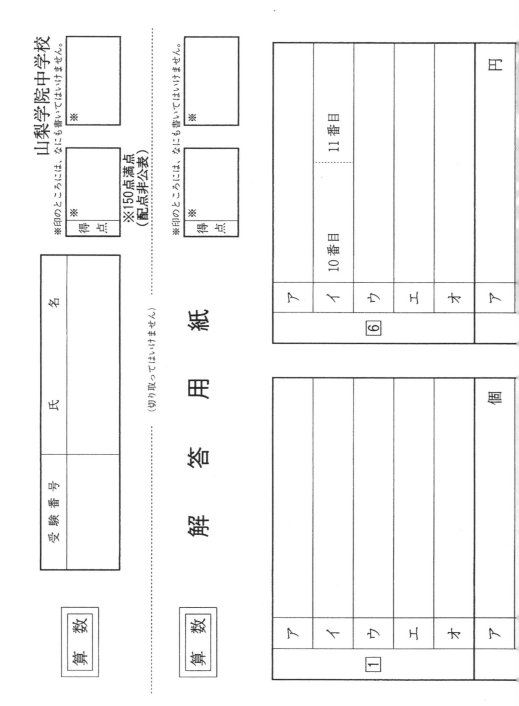

二〇二三年度

入学試験問題（専願）

国語

山梨学院中学校

注意

一、始めの合図があるまでは、次をあけてはいけません。
二、受験番号・氏名を問題用紙と解答用紙の両方に書きなさい。
三、試験時間は五十分です。
四、解答はすべて別紙の解答用紙の決められた場所に、はっきり記入しなさい。
五、問題の印刷がはっきりしなくて読めないときは、静かに手をあげて係の先生がそばに来るのを待ちなさい。
六、終わりの合図があったら、係の先生の指示を受けなさい。

受験番号	氏名

2023 SK
2023(R5) 山梨学院中　専願
教英出版

【一】

次の――線のカタカナを漢字に、漢字には読みがなをひらがなで書きなさい。

① 卒業ショウショをいただく。

② コウシャの周りの桜が咲いた。

③ 無理をショウチでお願いする。

④ イキオいよく走る。

⑤ スジの多い野菜を食べる。

⑥ 父の職業は漁師だ。

⑦ 冷静な判断で、物事に対処する。

⑧ 地域の施設を活用する。

⑨ 実験を試みる。

⑩ 目的地に至る。

【二】

次の文章を読み、後の問いに答えなさい。

お詫び

著作権上の都合により、文章は掲載しておりません。
ご不便をおかけし、誠に申し訳ございません。

教英出版

お詫び

著作権上の都合により、文章は掲載しておりません。
ご不便をおかけし、誠に申し訳ございません。

教英出版

お詫び
著作権上の都合により、文章は掲載しておりません。
ご不便をおかけし、誠に申し訳ございません。
教英出版

（マハートマ・ガンディー『ガンディーの言葉』）

※ガンディージー……インドの民族運動指導者・思想家。インド独立の父とされる。（マハートマ・ガンディー）

※搾取……搾《しぼ》り取ること。
※顧《かえり》みる……過去のことを思い起こして考えること。
※付随……つきしたがうこと。
※尊厳……とうとく、おごそかで、おかしがたいこと。

問一 □A～Cに当てはまる言葉を次から選び、それぞれ記号で書きなさい。

ア するど　イ では　ウ しかし　エ なぜなら　オ また

問二 ――線①「人間の欲望」とあるが、その内容を「～こと。」につながるように本文から十六字で探し、初めの五字を書き抜《ぬ》きなさい。

問三　――線②「自然」と似た意味の言葉として当てはまらないものを次からすべて選び、記号で書きなさい。

ア　天然　　イ　加工　　ウ　野生　　エ　人工　　オ　ナチュラル

問四　――線③「直接的な影響」とあるが、ここでいう「直接的な影響」に当てはまらないものを次から選び、記号で書きなさい。

ア　気候変動　　イ　森林破壊　　ウ　異常気象　　エ　人口減少　　オ　生態学的不均衡《きんこう》

問五　――線④「受託制度」とあるが、この内容を説明した一続きの二文を探し、初めの七字を書き抜《ぬ》きなさい。

問六　――線⑤「こうした特質」とあるが、次の問いに答えなさい。

Ⅰ、「こうした特質」とはどのようなことか。本文の言葉を使って書きなさい。

Ⅱ、Ⅰを育てていけば、どのような社会になるとガンディージーは考えているか。説明して書きなさい。

問七　次の一文は本文から抜けている。この一文が入る直前の文の文末の十字を書き抜きなさい。

（句読点も字数に含《ふく》む）

【また、教師には、確かな知識をもち、理性的で、問題の本質を見抜《ぬ》いて論議する力のある人間になれるように、生徒の頭脳を鍛《きた》える義務があります。】

問八　――線⑥「保障」の使い方として正しくないものをすべて選び、記号で書きなさい。

ア　品質を保障する。
イ　安全を保障する。
ウ　損害を保障する。
エ　老後の生活を保障する。

問九　――線⑦「最大多数の最大幸福ではなく、全員の最大幸福」とあるが、ガンディージーの考える人々の幸福とはどのようなことか、説明して書きなさい。

問十　本文の内容として最も適切なものを次から選び、記号で書きなさい。

ア　自然資源はかぎりあるものだから、これからの世代を生きる人たちのためにも、計画的に使わなければいけない。

イ　資源はこの惑星に住むすべてのもののためにあるので、公平に手に入れるためにもさまざまな手段で訴えなければいけない。

ウ　前の世代から与えられた自然の資源は、同じように良い状態のまま、未来に手渡さなければいけない。

エ　受託制度はもともと経済的原理にのみ適用されるものなので、人間関係には応用できない。

オ　天然資源や水、エネルギー資源をこの惑星に住むすべてのもので、公平にその恩恵が受けられるルール作りを、早急に決める必要がある。

問十一　自然資源を保護する取り組みとして、あなたが実践《せん》していること、または身近な例を一〇〇字以内で書きなさい。

【三】 次の文章を読み、後の問いに答えなさい。

〈あらすじ〉

「羽衣子《ういこ》」は、兄の「道《みち》」と共に祖父の吹《ふ》きガラス工房《こうぼう》を引き継いだ。「道」は人の感情を読み取ることや人と同じように取り組むことが苦手な性格があり、「羽衣子」は「道」とたびたび衝突《しょうとつ》していた。ある時、亡くなった家族を身近に感じていたいというお客さんから、故人のイメージで作った小さなガラスの小物入れを、自宅に置く骨壺《こつつぼ》として使いたいと相談された。それ以降、「道」は妹「羽衣子」の反対を押し切る形で、独自の取り組みとしてガラスの骨壺作りに力を入れようとしていた。

工房《こうぼう》に戻ると、道が※竿《さお》を片手に※炉《ろ》に向かう最中だった。

「あ、おかえり」

手伝い頼《たの》んでもええやろか、と道がおずおずと私に問う。

「すぐ準備する」

以前は「骨壺《つぼ》なんて」と思っていた。死が避《さ》けられないできごとだというのなら、なおさら普《ふ》段は目を逸《そ》らしていたかった。

でも光多おじさんが割った骨壺から祖父の骨を拾い上げた時、間違っていたと知った。祖父の死から目を逸らすことは、生きていた頃《ころ》の祖父からも目を逸らす行為《こうい》だ。

「口のところを花びらみたいに仕上げたいんや。いつもより大きさがあるから羽衣子に吹《ふ》いてほしいねん。」

5　Ａさんは４月から毎月決まったお金をおこづかいとしてもらえることになりました。もともと貯金していたお金もあり，４月から毎月 1700 円ずつ使用すると３か月でお金がなくなります。また，４月から毎月 1350 円ずつ使うと６か月でお金がなくなります。次の各問いに答えなさい。

ア．毎月もらうお金はいくらですか。

イ．もともと貯金していたお金はいくらですか。

ウ．１年間でお金がなくなるとき，毎月いくらずつ使いましたか。

エ．１年後にもともとの貯金の３倍のお金を残しておきたいとき，毎月いくらずつ使うことができますか。

6　縦 5 cm，横 10 cm の長方形の紙を並べて，四角形の枠《わく》をつくります。次の図のように，1 番目，2 番目，3 番目，・・・と規則的に大きさを変えて枠《わく》をつくるとき，次の各問いに答えなさい。

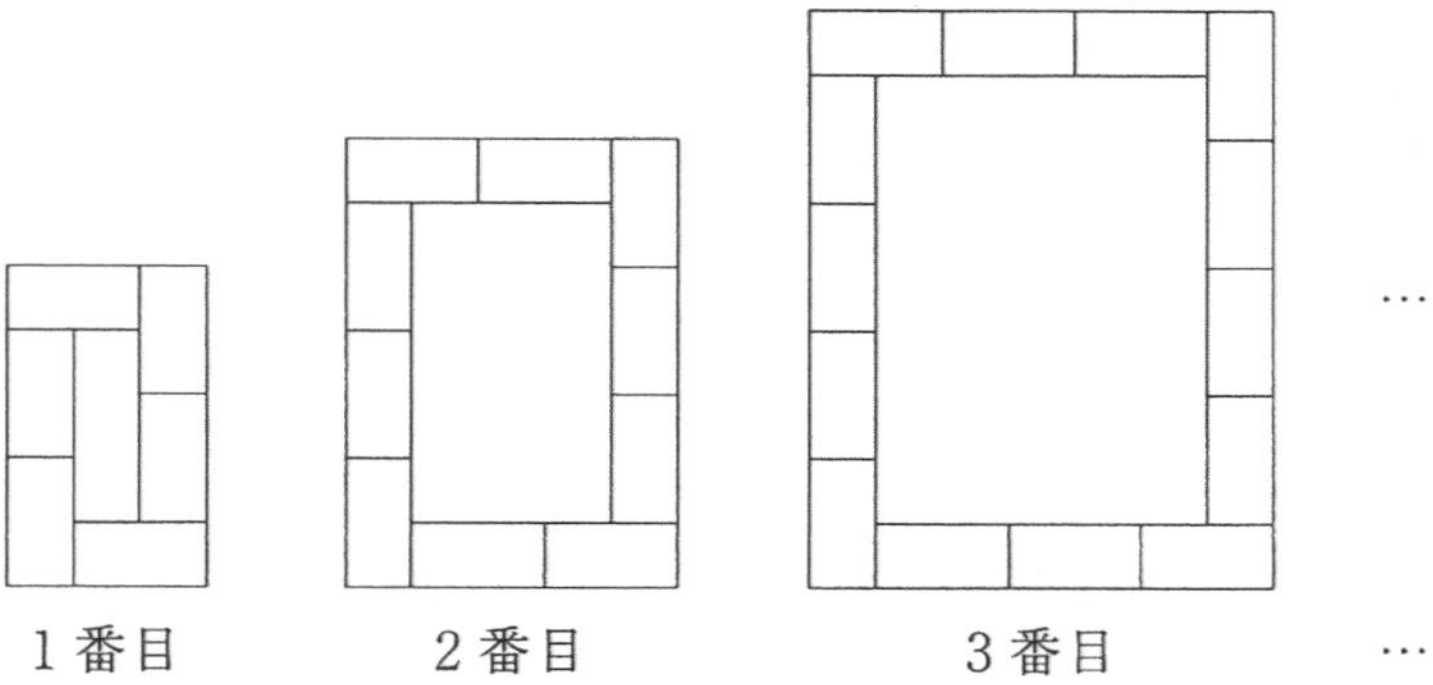

ア．5 番目の枠《わく》をつくるには，長方形の紙は何枚必要ですか。

イ．長方形の紙が 102 枚使われているのは，何番目の枠《わく》ですか。

ウ．1 番目から 5 番目までの枠《わく》に使われている紙の面積の合計は何 cm^2 ですか。

エ．1 番目から 100 番目までの枠《わく》に使われている紙の面積の合計は何 m^2 ですか。

2023(R5) 山梨学院中　専願
K 教英出版

7 次の図１のように上底が６㎝，下底が24㎝，斜めの部分が18㎝の台形ＰＱＲＳと，１辺の長さが３㎝の正三角形ＡＢＣがあります。また，図２のように，台形ＰＱＲＳの頂点Ｐに正三角形の頂点Ａが重なるように置き，正三角形ＡＢＣを頂点Ｑの方向にすべらないように転がしていきます。そして，頂点Ｑに正三角形ＡＢＣの１つの頂点が重なったら，頂点Ｒの方向へ転がしていきます。さらに，頂点Ｒにたどり着いたら，頂点Ｓの方向へ転がしていき，頂点Ｓにたどり着いたら，頂点Ｐの方向へ転がしていき，正三角形ＡＢＣの１つの頂点が頂点Ｐに重なったとき，移動を終わります。次の各問いに答えなさい。

図１

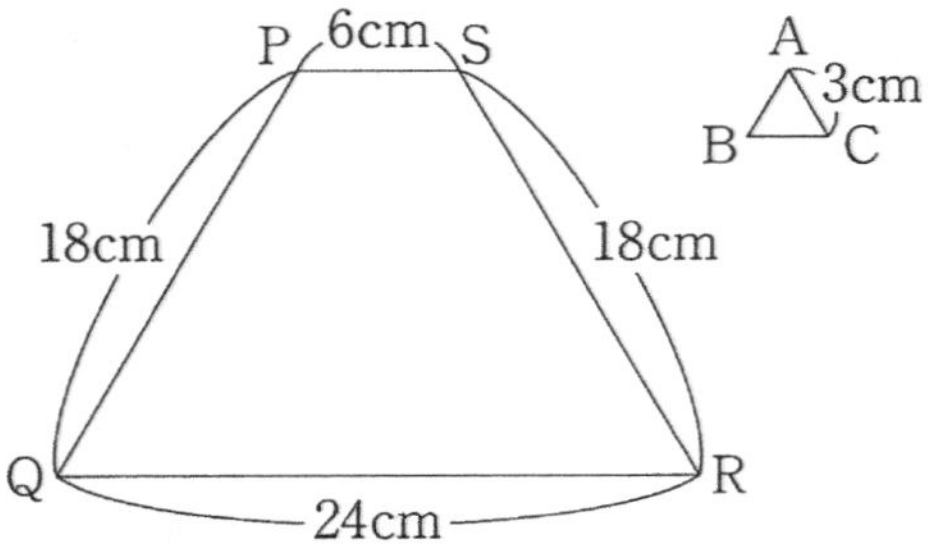

図２

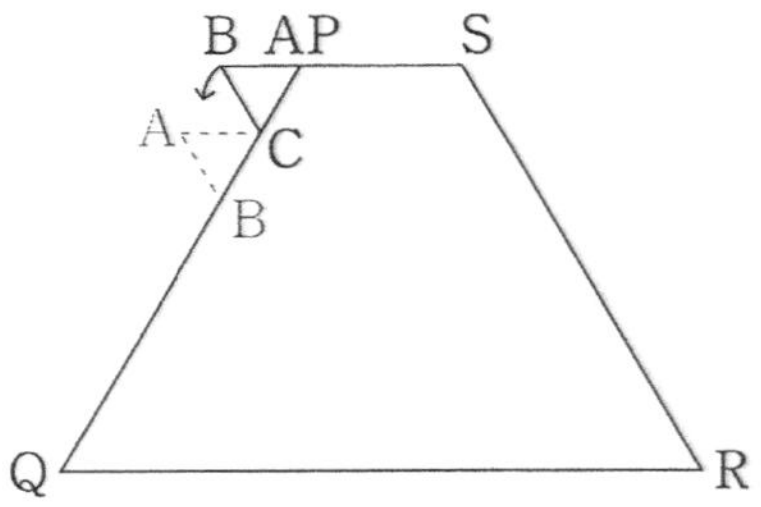

ア．図１において，台形ＰＱＲＳの中に，正三角形ＡＢＣと同じ大きさの正三角形を最大で何個敷《し》き詰《つ》めることが出来ますか。

イ．図２において，正三角形ＡＢＣが移動していくとき，点Ｒに重なる頂点は，頂点Ａ，頂点Ｂ，頂点Ｃのどれですか。

ウ．図２において，正三角形ＡＢＣが移動を終えたとき，頂点Ａが動いた長さの合計を求めなさい。ただし，円周率は3.14とします。

8 次の会話文を読んで，各問いに答えなさい。

さくらさんは家から学校まで毎朝，歩いていきます。今日も友達のかえでさんがさくらさんの家まで迎《むか》えに来てくれて，いつもと同じように一緒に学校に向かっているところです。

かえで「おはよう。今日もいい天気だね。」
さくら「そうだね。今週1週間は晴れの日が続くっていっていたよ。」
かえで「そうなんだ。ところで昨日の“自分の歩く速さを調べなさい”っていう算数の宿題できた？」
さくら「うん。最初どう考えたらいいのかよくわからなかったんだけど，お兄ちゃんが考えるヒントをくれたの。それで答えを出すことができたんだ。」
かえで「へぇ。どんなヒント？私にも教えて。」
さくら「家を出発する時間と学校に着く時間はいつも同じでしょ。そしたら，あとは学校までの距離《きょり》を調べればいいんだよ。って教えてくれたの。私は，いつも8時ちょうどに家を出発して8時25分に学校に着くの。そして，地図で家から学校までの距離《きょり》をしらべたらちょうど2kmだったわ。そこから歩く速さを計算したんだ。」
かえで「なるほど。じゃあ，いま一緒に歩いているから，私の歩く速さもさくらと同じ速さだね。」
さくら「そうだね。」
かえで「それはそうと，今日の運動会の練習楽しみだね。私，体を動かすの大好きなんだ。」
さくら「私も。あっ，家に体操着を忘れちゃった。取りに戻るから先に学校に行って。」
かえで「わかった。また後でね。」

かえでさんと別れ，さくらさんは学校に向かう速さと同じ速さで，家に忘れ物を取りに向かいました。すると，忘れ物に気づいた地点から560m離《はな》れたところで，自転車で追いかけてきたお母さんと出会いました。

お母さん「さくら，体操着忘れてたから持ってきたわよ。あなた運動会の練習楽しみにしていたもんね。」
さくら「ありがとう。いつも楽しみにしている8時15分からの朝の連続ドラマ見ることが出来なかったね。ごめんね。」
お母さん「そうね。ドラマが始まってすぐに気がついて，8時17分に家を出てきたから2分しか見てないわね。でも仕方ないわ。再放送を見るから心配しなくてもいいわよ。」
さくら「前にも忘れ物をしてお母さんに学校まで届けてもらったことあったよね。」
お母さん「2回あったわね。2回とも学校まで自転車で12分30秒かかったわ。」
さくら「時間を計ってたんだ。私の算数の宿題みたいだね。」
お母さん「朝は余裕をもって支度をして，忘れ物が無いようにしてね。」
さくら「はぁい。忘れ物を届けてくれてありがとう。」

ア．さくらさんの歩く速さは毎分何mですか。

イ．忘れ物を取りに帰ったさくらさんとお母さんが出会ったのは，何時何分ですか。

ウ．さくらさんが忘れ物に気づいた地点は，家から何mはなれていますか。

【三】

問十一

100

問一

〜

問二

問三

(1)

(2)

問四

問五

問六

問七

問八

問九

【四】

問一

①

②

③

④

⑤

問二

① 漢数字 意味

② 漢数字 意味

③ 漢数字 意味

④ 漢数字 意味

⑤ 漢数字 意味

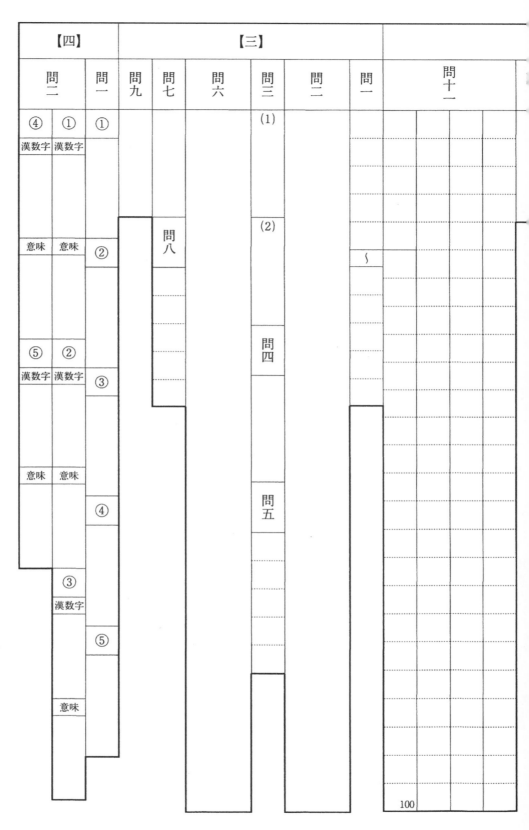

山梨学院中学校

算　数

受験番号	氏　　名

※印のところには、なにも書いてはいけません。

得点	※	※

※150点満点
（配点非公表）

（切り取ってはいけません）

算　数

解　答　用　紙

※印のところには、なにも書いてはいけません。

得点	※	※

1	ア	
	イ	
	ウ	
	エ	
	オ	
	ア	分

5	ア	円
	イ	円
	ウ	円
	エ	円
6	ア	枚
	イ	番目

【解答

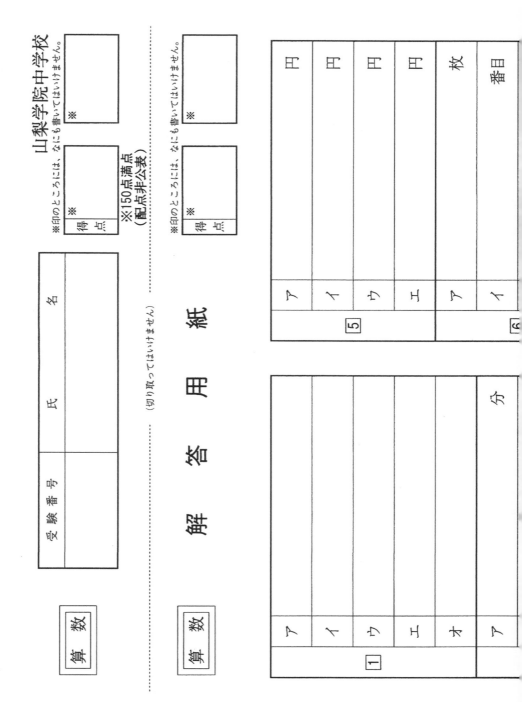

	エ	
	オ	本
3	ア	cm^2
	イ	cm^2
	ウ	cm^2
4	ア	cm^3
	イ	cm^3
	ウ	

7	ア	個
	イ	頂点
	ウ	cm
8	ア	毎分　m
	イ	時　分
	ウ	m

2023 SS

山梨学院中学校

国語

受験番号

氏名

※印のところには、なにも書いてはいけません。

※

得点 ※

※100点満点
（配点非公表）

（切り取ってはいけません。）

国語

解答用紙

※印のところには、なにも書いてはいけません。

※

得点 ※

【一】

① ② ③ ④ い ⑤

⑥ ⑦ ⑧ ⑨ みる ⑩ る

問一 A B C

問二

問三

問四

問五

【二】

問六 Ⅰ Ⅱ

問七

問八

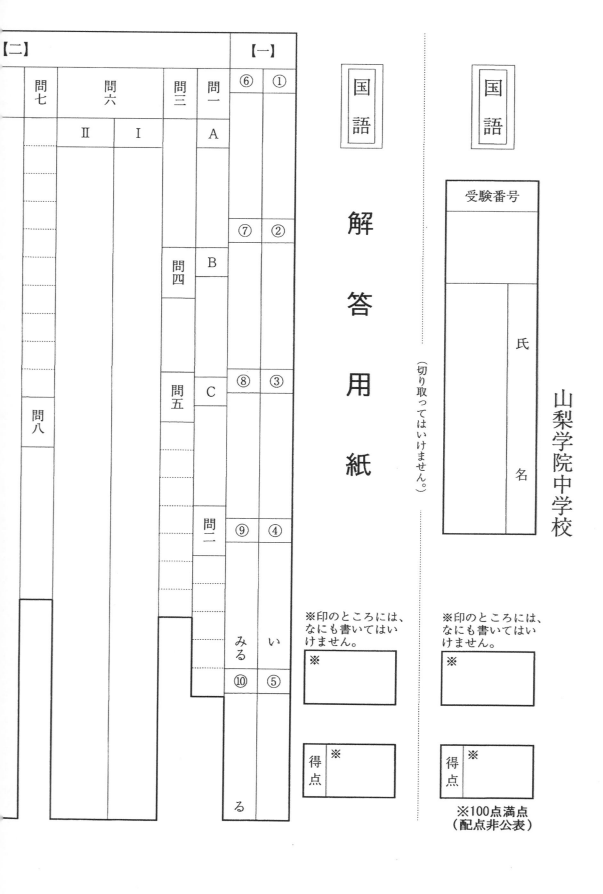

4 次のそれぞれの図形について各問いに答えなさい。ただし，円周率は3.14として計算しなさい。

ア．次の図の三角柱の体積は何 cm^3 ですか。

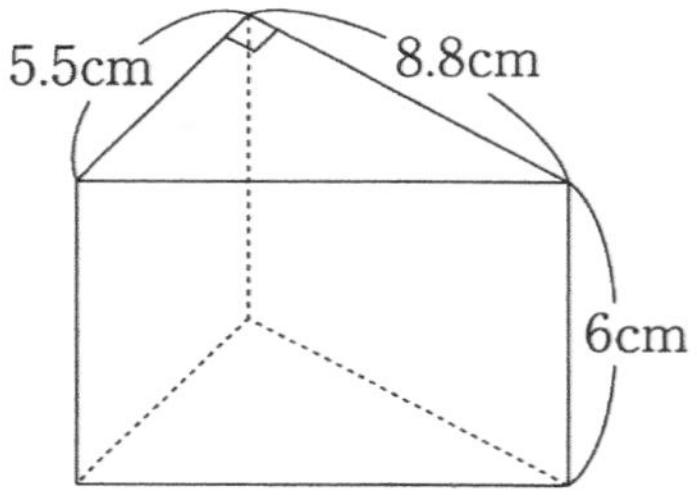

イ．次の図は円柱から底面が正方形の直方体を取り除いた立体です。

この立体の体積は何 cm^3 ですか。

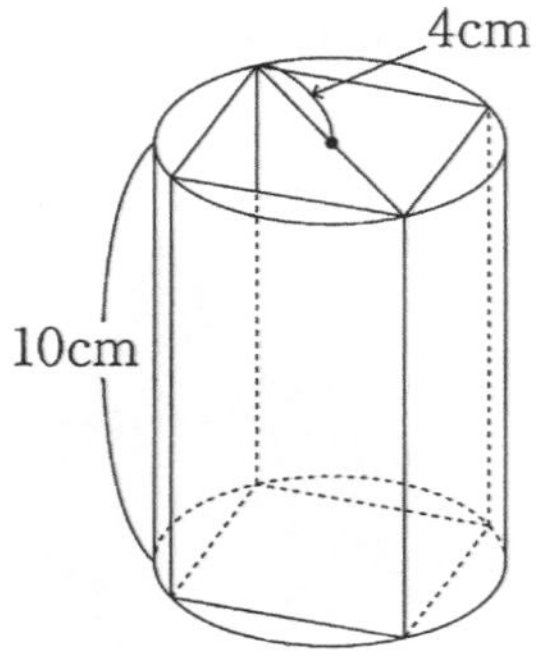

ウ．すべての面が白で1辺の長さが1 cm の立方体を125個集めます。

次の図のように1辺が5 cm の立方体になるように並べ，すべての面を黒くぬります。その後，再び125個の立方体に分けたとき，黒い面の面積の合計と白い面の面積の合計の比を答えなさい。ただし，最も簡単な比で答えなさい。

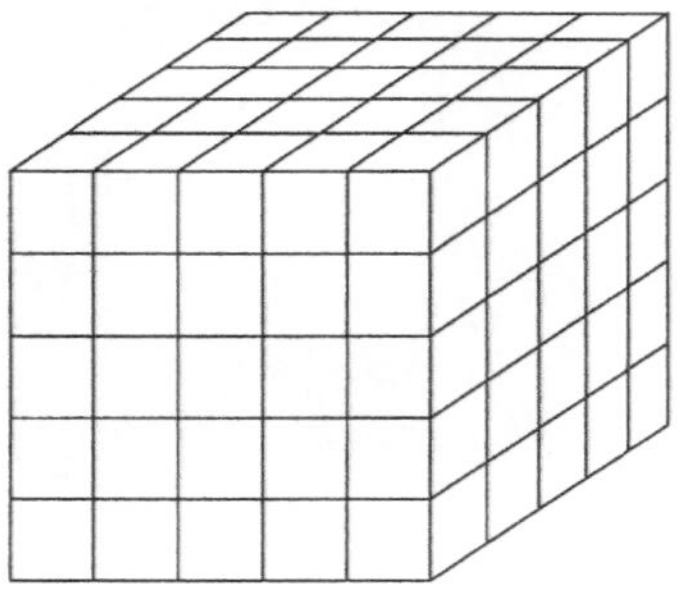

3 次のそれぞれの図形について各問いに答えなさい。ただし，円周率は3.14として計算しなさい。

ア．次の台形の面積は何 cm^2 ですか。

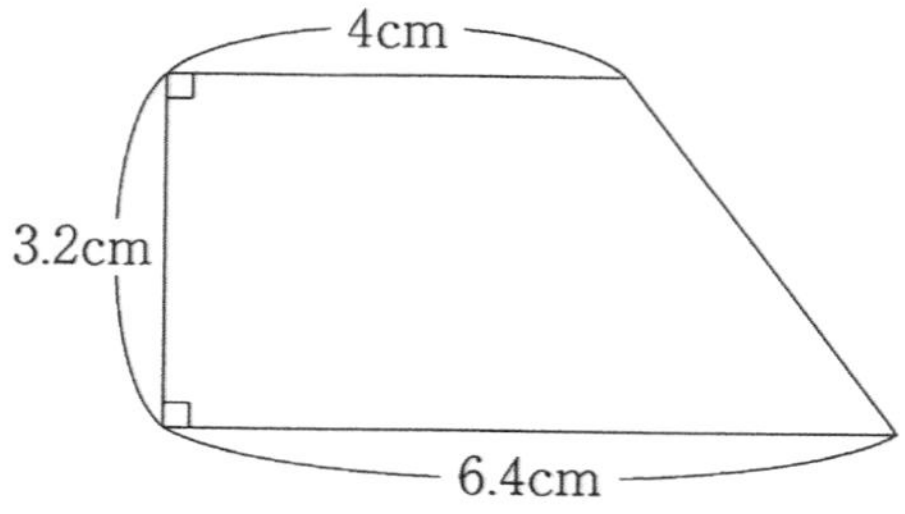

イ．次の図のように長方形のなかに三角形をかきます。

このとき，かげのついた部分の面積は何 cm^2 ですか。

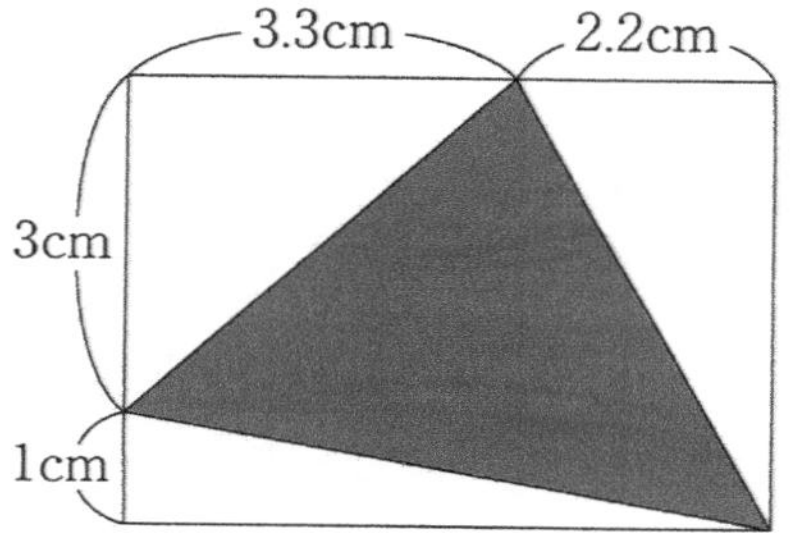

ウ．次の図は1辺の長さが4 cmの正方形のそれぞれの頂点を中心として半径の等しい4つの円をかいたものです。このとき，かげのついた部分の面積は何 cm^2 ですか。

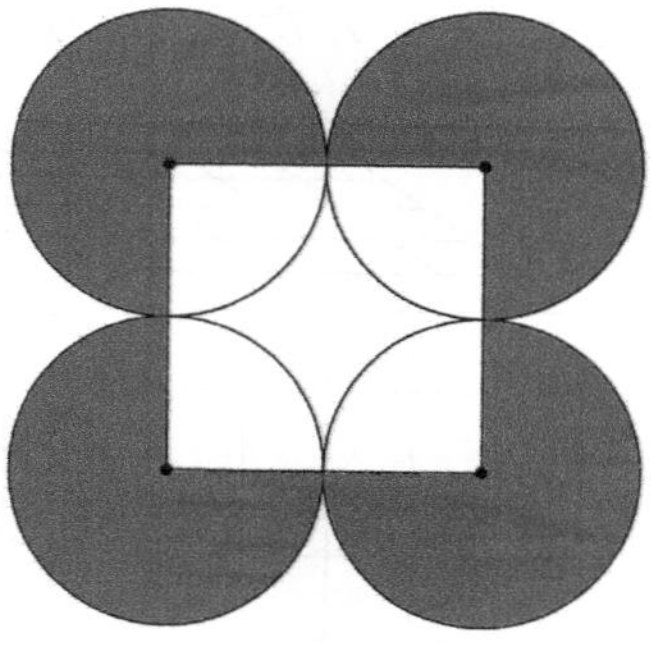

2 次の各問いに答えなさい。

ア．1.2 km の道のりを時速 4 km で歩くと何分かかりますか。

イ．男子 15 人，女子 16 人に算数のテストを行ったところ，全員の平均点は 60 点でした。男子の平均点が 58.4 点のとき，女子の平均点は何点ですか。

ウ．定価が 3020 円の商品を 2 割引きで買うときの値段はいくらですか。ただし，消費税は考えないものとします。

エ．18 と 45 の最小公倍数はいくつですか。

オ．1 本 40 円のえんぴつと 1 本 75 円のボールペンを合わせて 20 本買ったところ，代金は 975 円でした。ボールペンは何本買いましたか。

1 次の計算をしなさい。

ア. $67 - 52 \div 13$

イ. $1.8 \times (3.2 - 1.7) - 3.45 \div 2.3$

ウ. $2\frac{2}{3} - 1\frac{5}{7} - \frac{9}{14}$

エ. $2.3 \times 4 \times 4 - 7.5 \times 2.3 + 1.5 \times 2.3$

オ. $1.2 \div \left(15\frac{1}{10} - 12.6\right) \times 3\frac{1}{2} - 0.7$

2023年度　　　　　　　　　　　　　　　　山梨学院中学校

入学試験問題（専願）	算数

注意

1. 始めの合図があるまでは，次をあけてはいけません。

2. 受験番号・氏名を問題用紙と解答用紙の両方に書きなさい。

3. 試験時間は60分です。

4. 解答はすべて別紙の解答用紙の決められた場所に，はっきり記入しなさい。

5. 問題の印刷がはっきりしなくて読めないときは，静かに手をあげて係の先生がそばに来るのを待ちなさい。

6. 終わりの合図があったら係の先生の指示を受けなさい。

受験番号	氏名

こういうふうにしたい、とスケッチブックに描《か》いてくれる。

道にはいつも、自分がつくる骨壺についての明確なイメージがある。だけどガラスの色や模様は毎回、どんなふうに出るのかある程度までしか予想がつかない。

「お兄ちゃんって想定外の事態に弱いのに、①そういうのは平気なん？」

「ガラスは海やと思ってるから」

自然を完全に制御《せいぎょ》することはできない。そう思ったら、気が楽になるのだという。

「随分《ずいぶん》前もそんなん、言うてたな」

「あと最近、自分以外の人間も、②それと同じやと思うことにした。そしたら、他人と話すのが嫌じゃなくなった。他人の感情って、天候なんかと同じやなって。ぼくがコントロールできるものではない、という意味では。雨が降ったら傘《かさ》さすみたいに対処すればええんやと思うようになった」

「それは……すごいな。すごいけど、なんでそんなふうに思えるようになったん？」

首元のタオルを巻きなおしていた道は「羽衣子に教えられた」と③こともなげに言い、ペットボトルの水を飲んだ。

「わたしに？」

「犬のロンさんと田沢《たざわ》さんのこと話した時あったやろ。あの時、羽衣子、めちゃくちゃ泣いて」

「めちゃくちゃではないやん、ちょっとしか泣いてないやん」

「しかめ面したかと思えば、涙《なみだ》ぼろぼろ流して。羽衣子っていつもそうやな。［　A　］というか」

「悪かったね」

むっとしながら、わたしもペットボトルを開ける。水分補給をしっかりしておかないと、たいへんなことになる。

「ちゃうねん。あの時、羽衣子は人間はそういうもんや、みたいなこと言うたやんか。それで、ああそうか、と思って。羽衣子以外の人たちの内側でも、感情がめまぐるしく変化してるんやな、と④腑《ふ》に落ちたというか。羽衣子に教わったんや。理解できんかったとしても、⑤自分なりに、目の前の現象に対処していくしかないってこと」

「あ、そう。そう。そうですか」

恥ずかしくなって、顔を背けながら目を保護するためのサングラスをかけた。わたしはずっと、いつも自分ばかりが道に振《ふ》りまわされている、と思っていた。だけど、わたしが道に影響《えいきょう》を与えることもあるのか。

道はもう昔の道じゃないんだ。

羽衣子はこれから、なんにでもなれる。どんなふうにもなれる。

祖父のあの言葉に支えられてきた。でもあれは、⑥同時に呪《のろ》いでもあった。

特別ななにかにならねばならない。唯一無二《ゆいいつ》の、特別な存在にならねばならない。その呪いに、長くとらわれてきた。

やっぱりわたしには無理みたいよ、おじいちゃん。

もう会えない人に、心の中で話しかける。

涙は出なかった。奇妙な清々しさすらある。それと同時に、ほんのすこしだけさびしい。

これからのわたしにできるのは、道のサポートをすること、ただそれだけなのかもしれないと思うと、たまらなくさびしい。

天井にとりつけた扇《せん》風機の動く音に耳を澄《す》ませながら、何度か呼吸を整えた。感情を揺《ゆ》らされること、不安になることは毎日のようにおこる。でも炉《ろ》の前に立っているあいだだけはそれらのことを忘れて、ただ目の前のことに集中する。

道が竿を構える。炎を※内包《ないほう》しているようなオレンジ色のガラス種が巻きとられ、慎重《しんちょう》にかたちを整えられる。それをまた焼いてあたためる。ベンチに座り、※紙リンを当てて中心をとっている道の指示を、慎重に待った。

「吹いて」

⑧吹き竿に空気を吹きこむ。目いっぱい腹式呼吸をするのではなく、口内に含《ふく》んだ水を吐《は》き出すみたいに。教室を開いていろんな人に教えるうちに、「感覚で」とか「だいたいのところで」なんて説明では伝わらないことがわかってきた。自分がなんとなくできるようになってきたことと、それを他人に説明するのはまったく違う。

以前は「あいまいな表現をつかわずに、具体的に説明してくれ」としつこく頼んでくる道がうっとうしかった。でも道にわかるような言葉や話しかたを選ぶことは、結果として他の人と接する時にも役立った。「赤い」というような形容ひとつとっても、それぞれにイメージしている色が違う。「花」と言う時、それぞれの頭の中に咲いている花の種類が違う。わたしもまた、道に教わったと言う時、それぞれの頭の中に咲いている花の種類が違う。わたしもまた、道に教わったのだ、大切なことを。

道が紙リンを当て、かたちを整える。じゅっという音とともに、紙の焼ける匂《にお》いが漂う。

「止めて」

ベンチからすばやく離れる。最初の頃はなかなか動きが合わなくて、何度も何度も喧嘩《けんか》した。他の人、たとえば繁實さんや咲さんとならできることでも、ふたりだとどうしてもうまくいかなかった。でも今は違う。

道がジャックでガラスの両端《たん》を挟《はさ》み、わたしがゆっくりと竿を転がす。⑨ガラスはすこしずつ細くかたちを変えていく。

（寺地はるな『ガラスの海を渡る舟』ＰＨＰ研究所）

※竿……吹きガラス作りに用いる細く長いパイプのようなもの。つつの形をしており、息を吹き込んでガラスをふくらませる。

※炉……物質を加熱したり、溶かしたりする装置。ここでは高熱でガラスを溶かしている。

※内包……内部にもっていること。

※紙リン……高熱のガラスを成形する際に用いる水に湿《しめ》らせた新聞紙。溶けた高熱のガラスに押し当てながら成形する。

問一　――線①「そういうの」とあるが、それはどのようなことか。本文中から三十七字で探し、初めと終わりの五字をそれぞれ書き抜きなさい。（読点も字数に含む）

問二　――線②「それと同じやと思う」とあるが、どのようなことか。説明しなさい。

問三　次の問いに答えなさい。

(1)　――線③「こともなげに」とはどのような意味で使われているか。次から選び、記号で書きなさい。

ア　何ごともなかったかのように、無関心に。
イ　何も考えずに、無意識で。
ウ　何も特別なことではないかのように、平然と。
エ　よく考えて、慎重に。

(2)　――線④「腑に落ちた」とはどのような意味で使われているか。次から選び、記号で書きなさい。

ア　納得できなかった。
イ　納得できた。
ウ　気にならなかった。
エ　気になった。

問四　[A]に当てはまる言葉を次から選び、記号で書きなさい。

ア　四面楚歌　　イ　五里霧中　　ウ　情緒不安定　　エ　理路整然

問五　——線⑤「自分なりに、目の前の現象に対処していくしかない」とあるが、同じ内容を、たとえを用いて表現されている部分をここより前から一文で探し、初めの五字を書き抜きなさい。

問六　——線⑥「同時に呪いでもあった」とあるが、何が誰にとってどのようなものであったと考えられるか。「呪い」という言葉を別の表現に変え、説明しなさい。

問七　――線⑦「奇妙な清々しさすらある。それと同時に、ほんのすこしだけさびしい」とあるが、それはどのような思いからか。次から選び、記号で書きなさい。

ア　もう私が兄のためにできることはないのだと悟り、自分の今までの頑張りが無駄なように思えて切なくなってくるから。

イ　自分だけの表現を追求してきたが、兄の才能を前に自分の新しい役割をかみしめ、肩の荷が下りたようなほっとした気持ちもあるが、まだ気持ちを切り替えきれずにいるから。

ウ　自分のやりたいことや表現はあるが、一人では形にできない兄に、自分がやるべきことを実感するが、同時に頼りなさも感じ、妹として悲しさもあるから。

エ　二人で頑張ってきたという達成感はあるが、兄の表現したいものを阿吽《あうん》の呼吸で感じ取れず、自分の力不足を痛感してしまうから。

問八　――線⑧「吹き竿に空気を吹きこむ。目いっぱい腹式呼吸をするのではなく、口内に含んだ水を吐き出すみたいに」とあるが、ここには「倒《とう》置法」が使われている。ここより後の本文から同じように倒置法が使われている一文を探し、初めの五字を書き抜きなさい。

問九　━━線⑨「ガラスはすこしずつ細くかたちを変えていく」とあるが、それは同時にどのようなことを暗示しているように考えられるか。次から選び、記号で書きなさい。

ア　これからの吹きガラスの技術の向上
イ　祖父の代から引き継いだ伝統の改革
ウ　これからのガラス産業の進化と発展
エ　これからの羽衣子と道の関係の変化

【四】次の問いに答えなさい。

問一　次の①～⑤の文が正しい慣用句（習慣として、長い間使われてきたひとまとまりの言葉）を含んだ文になるように、（　　）に当てはまる言葉を後から選び、それぞれ記号で書きなさい。

① 同じ話を何度も聞かせられ（　　）にたこができる。
② 最後まで（　　）をぬかず、係の仕事をやりとげた。
③ たくさん練習をしたので、習字の（　　）が上がった。
④ テストの点が良かったので、彼は（　　）にかけて自慢《まん》した。
⑤ 合格発表を（　　）を長くして待っている。

ア 首　イ 耳　ウ 手　エ 鼻　オ 肩　カ 腕《うで》

問二　次の四字熟語の（　）に当てはまる漢数字を書きなさい。また、その熟語の意味を後から選び、それぞれ記号で書きなさい。

①　一石（　）鳥　②　（　）方八方　③　一進（　）退

④　二束（　）文　⑤　一日（　）秋

ア　待ち遠しいこと。
イ　進んだり退いたりすること。
ウ　口々に同じことを言うこと。
エ　あらゆる方面。
オ　数が多くて値段の極めて安いこと。
カ　一つの行為《い》で二つのものを得ること。

	エ	g
	オ	個
3	ア	cm^2
	イ	cm
	ウ	cm^2
4	ア	cm^3
	イ	cm^3
	ウ	cm^3
5	ア	m
	イ	分　秒
	ウ	m

7	ウ	(　　　)方が (　　　)円安い
	エ	回
	オ	人以上
8	ア	
	イ	
	ウ	
	エ	
	オ	通り

2023 IS

山梨学院中学校

国語

受験番号

氏名

※印のところには、なにも書いてはいけません。

※

得点 ※

※100点満点
（配点非公表）

（切り取ってはいけません。）

国語

解答用紙

※印のところには、なにも書いてはいけません。

※

得点 ※

【一】

① る
②
③ ます
④
⑤
⑥ める
⑦ む
⑧
⑨
⑩

【二】

問一
問二
問三
問四 それなのに……である。
問五 i　ii
問六

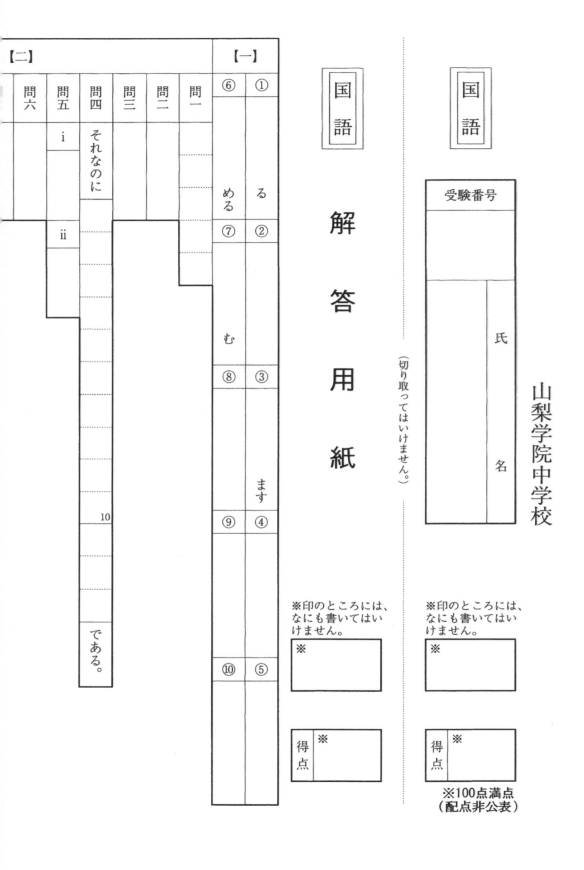

4 次のそれぞれの図形について各問いに答えなさい。ただし，円周率は 3.14 として計算しなさい。

ア．次の直方体の体積は何 cm^3 ですか。

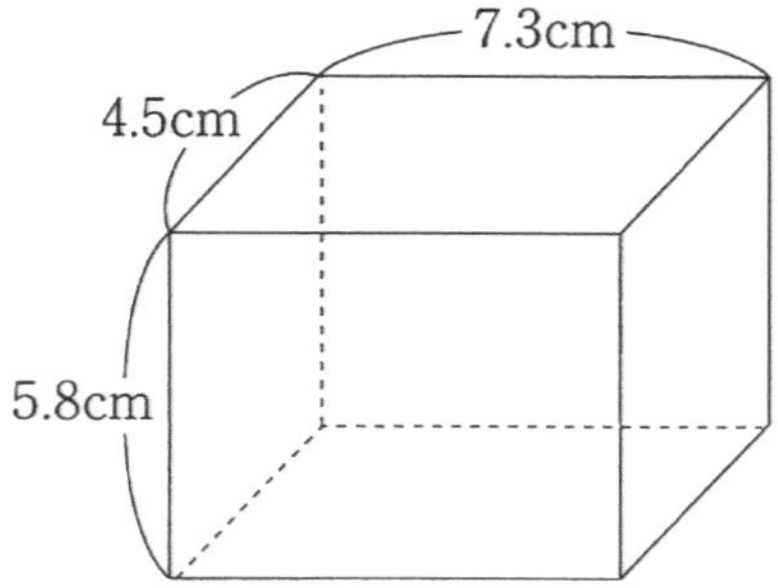

イ．次の図は四角柱から三角柱を切り取ったものです。この図形の体積は何 cm^3 ですか。

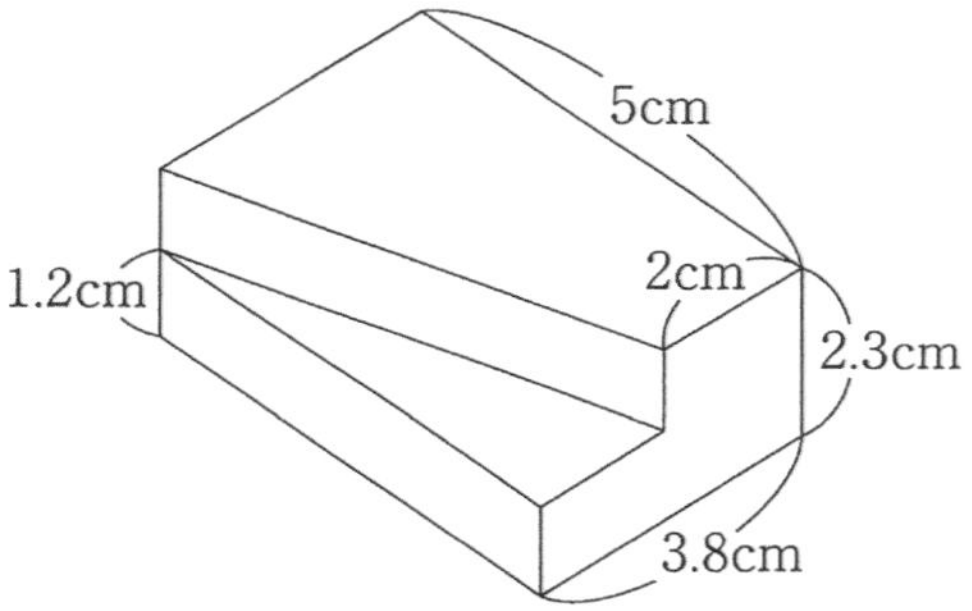

ウ．次の図は円柱を１つの平面で切ったものです。この立体の体積は何 cm^3 ですか。

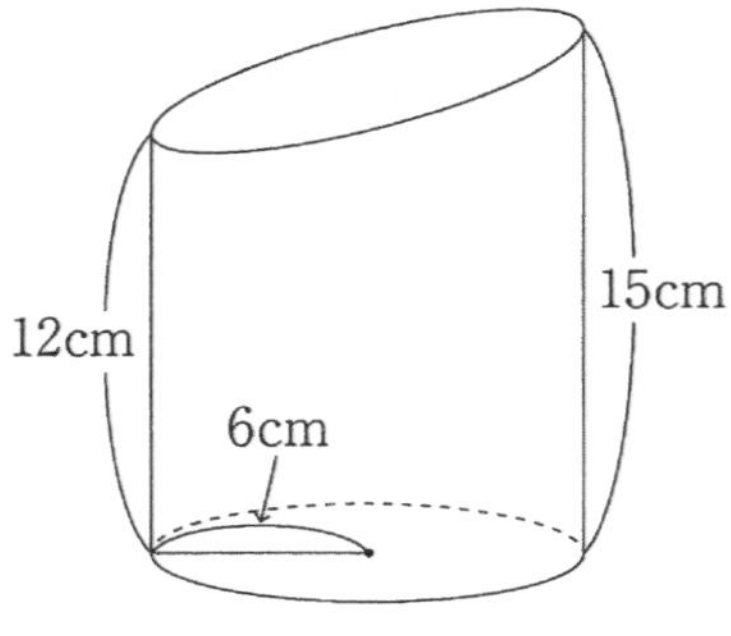

2023 IS
2023(R5) 山梨学院中　一般
K 教英出版

3 下のそれぞれの図形について各問いに答えなさい。ただし，図２は１辺が８cm の正方形の各辺の真ん中を中心として直径８cm の半円を４つ重ねたものです。また，円周率は3.14として計算しなさい。

ア．下の図１の平行四辺形の面積は何 cm^2 ですか。

イ．下の図２のかげのついた部分の周りの長さは何 cm ですか。

ウ．下の図２のかげのついた部分の面積は何 cm^2 ですか。

図１

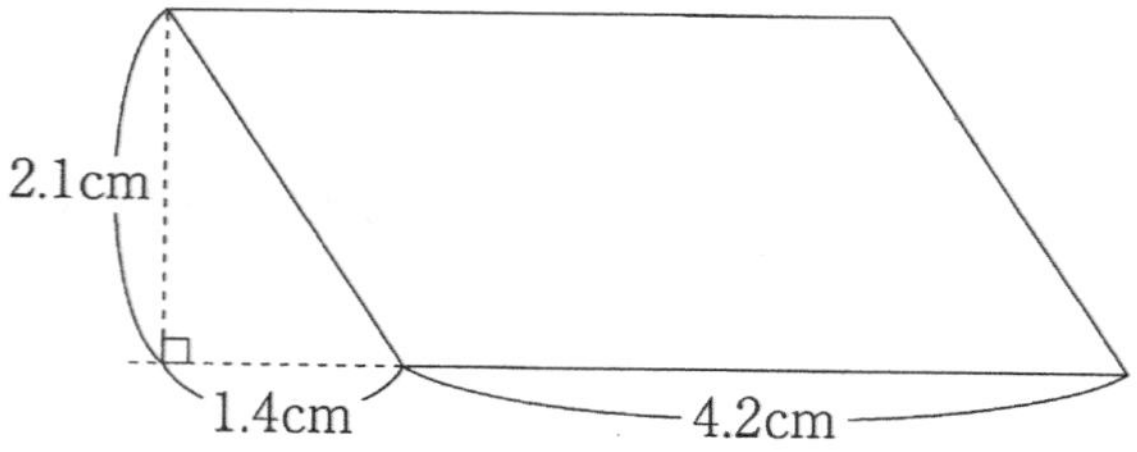

図２

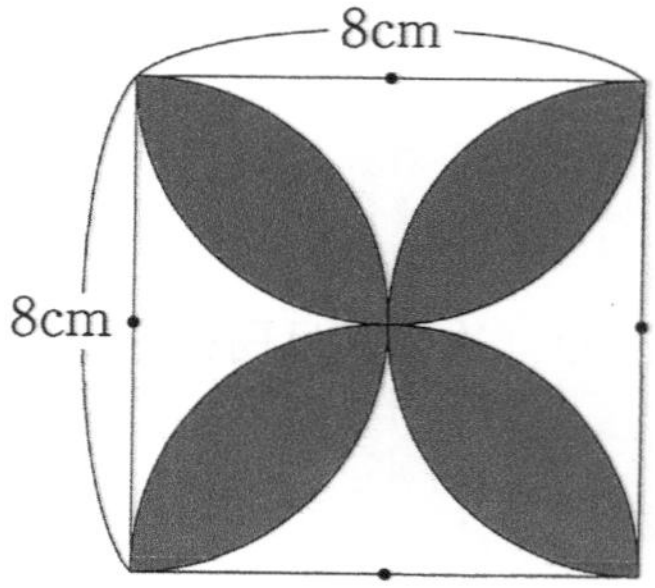

2 次の各問いに答えなさい。

ア．100 以上 200 以下の整数のうち，4 で割りきれる整数は全部でいくつありますか。

イ．4.8 m のひもから 70 cm のひもを 5 本切り取ったときの残ったひもの長さは何 m ですか。

ウ．350 ページある本の $\frac{2}{7}$ を読み終わったとき，残ったページは何ページですか。

エ．赤玉 2 個と青玉 3 個の重さの合計は 440 g，赤玉 2 個と青玉 5 個の重さの合計は 640 g でした。同じ色の玉の重さはどれも変わらないとき，赤玉 1 個の重さは何 g ですか。

オ．50 g の重りと 35 g の重りが全部で 30 個あります。これらの重りの合計は 1245 g でした。このとき 35 g の重りは何個ありますか。

1 次の計算をしなさい。

ア. $1215 - 676 + 13 \times 7$

イ. $456 \div (24 - 5) - 24 \div 4$

ウ. $4\frac{1}{12} - 1\frac{1}{2} - \frac{1}{4} - 2\frac{1}{6}$

エ. $4.7 \times 15.5 - 4.7 \times 4.2 + 4.7 \times 8.7$

オ. $4\frac{2}{3} - 3\frac{1}{5} \times \left(0.25 + 0.125 - \frac{5}{16}\right)$

2023年度　　　　山梨学院中学校

入学試験問題（一般）	算　数

注　意

1. 始めの合図があるまでは，次をあけてはいけません。

2. 受験番号・氏名を問題用紙と解答用紙の両方に書きなさい。

3. 試験時間は60分です。

4. 解答はすべて別紙の解答用紙の決められた場所に，はっきり記入しなさい。

5. 問題の印刷がはっきりしなくて読めないときは，静かに手をあげて係の先生がそばに来るのを待ちなさい。

6. 終わりの合図があったら係の先生の指示を受けなさい。

受験番号	氏　　名

ツで、ドラえもんの柄《がら》だよ。超《ちょう》ダサいだろう？朝、時間なくてそのまま学ランはおったんだ。暑いから、学ラン脱《ぬ》ぎたくても、このTシャツはないだろうとずっと我慢《がまん》してる。これ、夏服なんかよりずっと浮《う》いてるだろう」

ぼくの姿に、みんなは一瞬《しゅん》何事かという顔をしていたけど、すぐにくすくす笑い、男子たちが「いや、マジ受ける」「梨木、小学生かよー」と突《つ》っ込《こ》んだ。この空気を何とかしようと、みんなも懸《けん》命に盛り上げてくれたのだろう。

三雲さんは顔を上げてぼくのよれよれのTシャツを不思議そうにしばらく眺めると、そのまますっと足を進めた。

自分にかけられていた視線がぼくのほうに移ったからか、本当に夏服でもいいやと思えたからなのかはわからない。だけど、三雲さんは席に着いた。三雲さんが完全に腰《こし》を下ろすと、

「おおー」

と、⑦教室からは歓声《かんせい》が上がった。三雲さんはぼくの後ろの後ろの席だ。ぼくのこと、どう思っただろうか。失礼じゃなかったかなと振《ふ》り返ってみると、三雲さんは冷静な顔で静かに前を見ていた。

「どうして、梨木はわかったの？」

「何が？」

「三雲さんが夏服を気にしてること」

「そう。すごいよね。っていうか、私、三雲さんの顔ばっか見てて制服なんて見てもなかった」

2023 IK
2023(R5) 山梨学院中　一般
教英出版

「いや、エスパーだな。エスパー」

三時間目が終わると、何人かがぼくの机の周りに集まって、そう言った。

エスパー。そんなふうに言われることに、驚《おどろ》いた。ぼくはたいそうなことをしたつもりはなかった。ただ、「C」と三雲さんが思っているのが、なんとなく伝わってきただけだ。ついでに学ランの中のシャツは今日に限らず、いつだってダサい。それでも、みんなに「梨木には力があるんじゃない」「実はすごいやつだったりして」と言われるのはうれしかった。ぼくにも⑧何か特別なものがあるのかもしれないと、かすかに希望を与《あた》えられた気がした。

（一部表記を改めた）

（瀬尾まいこ『掬《すく》えば手には』）

※微動……かすかな動き。

※威《い》圧……力で押さえつけること、またそのような空気。

問一　――線①「初めて入る教室に静まった雰囲気」の一文に用いられている表現技法を次から選び、記号で書きなさい。

ア　倒《とう》置法　　イ　比ゆ　　ウ　体言止め　　エ　反復法

問二　□A・Bに当てはまる言葉を次から選び、それぞれ記号で書きなさい。

ア　さっ　　イ　ふんわり　　ウ　じっ　　エ　きょろきょろ　　オ　さっそう

問三　――線②「微動だにしない」の言葉の意味を次から選び、記号で書きなさい。

ア　微かに少し動く　　イ　全く動かない　　ウ　細かく動く　　エ　動きが遅《おそ》い

2023 IK
2023(R5) 山梨学院中　一般
K 教英出版

問四　──線③「そんな空気」とあるがどのような気持ちのことか。三十一字で抜《ぬ》き出し、始めと終わりの五字を書きなさい。（句読点や記号も字数に含む）

問五　──線④「どれも三雲さんにはヒットしなかった」とあるが、どういうことか。二十五字以内で書きなさい。

問六　──線⑤「みんな今日の日をずっと待ってたんだ」とあるが、先生は「三雲さん」が何に緊張していると思っていたか。これより前の本文中から九字で探し、書き抜きなさい。

問七　――線⑥とあるが、「梨木」はどのような気持ちからこのような言動になったか。次から選び、記号で書きなさい。

ア　三雲さんがクラスになじめるよう言葉をかけ続けている先生がかわいそうに思えて、助けてあげたかったから。

イ　固まってしまったクラスの空気にたえられず、この状況《きょう》を変えられるのは自分しかいないと自信があったから。

ウ　三雲さんが夏服であることを気にしている気持ちがなんとなく伝わり、少しでも勇気づけられたらと思ったから。

エ　クラスメートが三雲さんを待つ時間にたえかねて、なんとかしてよと自分を頼《たよ》りにしている空気が伝わってきたから。

2023 IK
2023(R5) 山梨学院中　一般
K 教英出版

問八　――線⑦「教室からは歓声が上がった」とあるが、クラスメートの思いを次から選び、記号で書きなさい。

ア　三雲さんが勇気を出して足を進めることができたことと、それをうながした梨木を称《たた》える気持ち。
イ　なかなか三雲さんは動けなかったが、やっとこの固まった空気から解放されたと、あきれる気持ち。
ウ　梨木の勇気ある行動で三雲さんは動くことができ、先生に対してがんばったねとねぎらう気持ち。
エ　がんばっていた先生を救ってくれた梨木に対して、本当にありがとうという感謝の気持ち。

問九　[C]に当てはまる言葉としてふさわしいものを次から選び、記号で書きなさい。

ア　「クラスになじめるかな」　　イ　「私の席はどこだろう」
ウ　「登校、楽しみだな」　　エ　「一人半袖で目立つかな」

問十　――線⑧「何か特別なものがあるかもしれないと、かすかに希望を与えられた気がした」とあるが、それはなぜか。「平凡」という言葉を用いて理由を書きなさい。

2023 IK
2023(R5) 山梨学院中　一般
K 教英出版

【四】　次の問いに答えなさい。

問一　次の各文の（　　）に当てはまる言葉を後から選び、それぞれ記号で書きなさい。

①　今日（　　）がんばるぞ。
②　これはプロ（　　）難しい。
③　必要ないと思い（　　）もらった。
④　庭の花が、去年（　　）早く咲いた。
⑤　パンフレット（　　）買えなかった。

ア　でも　　イ　こそ　　ウ　より　　エ　つつ　　オ　さえ

問二　次の――線はどの種類の敬語か。後から選び、それぞれ記号で書きなさい。

① 友人から心温まる話をうかがう。
② 先生が優しい言葉でおっしゃる。
③ どうぞ召し上がってください。
④ 夕飯を食べます。
⑤ 私はごちそうをいただいた。

ア　ていねい語　　イ　尊敬語　　ウ　けんじょう語

二〇二二年度

入学試験問題（一般）

国語

山梨学院中学校

注意

一、始めの合図があるまでは、次をあけてはいけません。
二、受験番号・氏名を問題用紙と解答用紙の両方に書きなさい。
三、試験時間は五十分です。
四、解答はすべて別紙の解答用紙の決められた場所に、はっきり記入しなさい。
五、問題の印刷がはっきりしなくて読めないときは、静かに手をあげて係の先生がそばに来るのを待ちなさい。
六、終わりの合図があったら、係の先生の指示を受けなさい。

受験番号	氏名

2022 IK
2022(R4) 山梨学院中　一般
K 教英出版

【一】　次の――線のカタカナを漢字に、漢字には読みがなをひらがなで書きなさい。

① 道路標識のカンバン。
② コクモツを栽培する。
③ 大雨がフる。
④ 彼は命のオンジンだ。
⑤ 旅行をエンキする。
⑥ 机の上を整える。
⑦ 己に厳しくする。
⑧ 養蚕が盛んな地域。
⑨ たくさんの宗教が存在する。
⑩ 年々物忘れが多くなる。

【二】　次の文章を読み、後の問いに答えなさい。

〈ゴツンゴツンとぶつかりながら〉

（床のお掃除）ロボットは、テーブルの下や椅子《い》のあいだをくぐり抜《ぬ》けながら、床の塵《ちり》やホコリをかき集め、それを吸い込《こ》んでいく。ゴツンゴツンと部屋の壁《かべ》や椅子などにぶつかるたびに、その進行方向を小刻みに変える。「それだけなのかな?」としばらく様子を眺めていると、なにか思い立ったように途《と》中で方向転換《かん》をし、部屋の反対方向へと移動しはじめたりする。あるときは壁づたいに小さくコツンコツンと当たりながら、その隅《すみ》にあるホコリを丁寧《ていねい》にかき集めていく。

この気ままなお掃除ぶりは、はたして効率的なものなのか。同じところを行ったり来たりと重複も多そうだ。たぶん取りこぼしているところもあるにちがいない。①それでも許せてしまうのは、その※健気さゆえのことだろう。

小一時間ほど走りまわると、ちょっと疲《つか》れたようにして自分の充電スタンドへと舞《ま》い戻っていく。そのすこし速度を落としての、小さく腰《こし》を振る所作がかわいい。塵の収納スペースに集められたホコリや塵の量を見て、思わず「ごくろうさん、よく頑張《がんば》ったね」と労《ねぎら》いの言葉をかけそうになる。

②これまでの家電とはどこか※趣《おもむき》がちがうようだ。そのロボットの動きを思わず追いかけてしまう。「どこに向かおうとしているのか、なにを考えているのか」と、その行く手をさえぎるなどして、いたずらをしてみたくなる。あるいはすこし先回りをしながら、床の上に無造作に置かれた紙袋《ぶくろ》を拾い上げ、部屋の片隅にある乱雑なケーブル類を束ねていたりする。これもロボットのためなのだ……。「あれれ？これでは③主客転倒《しゅかくてんとう》ということになってしまうではないか」と思いつつも、それはそれで許せてしまう。ロボットにお掃除をしてもらうのはうれしいけれど、ほんのすこし手助けになれているという感覚も捨てがたい。

このロボットが袋小路に入り込むことのないように、テーブルや椅子を整然と並べなおす。もっと動きやすくしてあげようと、観葉植物の鉢《はち》などのレイアウトを変え、玄関のスリッパをせっせと下駄《げた》箱に戻す。そうしたことを重ねていると、なんだか楽しくなってくる。そして、いつの間にか家のなかは整然と片づいていたりする。

［A］誰《だれ》がこの部屋を片づけたというのか。わたしが一人でおこなっていたわけではないし、このロ

ボットの働きだけでもない。一緒《いっしょ》に片づけていた、あるいは④このロボットはわたしたちを味方につけながら、ちゃっかり部屋をきれいにしていたとはいえないだろうか。

そもそも、部屋の隅のコードを巻き込んでギブアップしてしまう、床に置かれたスリッパをひきずり回したり、段差のある玄関《げんかん》から落ちてしまうとそこから這《は》い上がれないというのは、これまでの家電製品であれば、改善すべき⑤欠点そのものだろう。

ところがどうだろう。このロボットの〈弱さ〉は、わたしたちにお掃除に参加する余地を残してくれている。あるいは一緒に掃除をするという共同性のようなものを引きだしている。くわえて、「部屋のなかをすっきりと片づけられた」という達成感をも与《あた》えてくれる。なんとも不思議な存在なのである。

それと、このロボットが味方につけていたのは、わたしたちばかりではないようだ。もうすこし、このお掃除ロボットの行動様式を見ておこう。

〈椅子やテーブルは障害物なのか、味方なのか?〉

このロボットを体育館のような、もうすこし広い部屋で走らせてみたらどうか。なにも障害物のないところでは、とりあえず一直線に走りだすことだろう。しばらくして壁にぶつかると、そこから弾《はじ》かれるようにして、他の方向にまた走りだしていく。

それは［　B　］の動きのようなものかもしれない。狭《せま》いところを小刻みに動くのとはちがって、その直線的な動きからは、なぜか生き物らしさは消え失せてしまう。⑥このロボットの小刻みな動きにあった、※甲斐甲斐《かいがい》しさも薄《うす》れるのである。

これはどうしてなのか。狭い部屋にあっては、いろいろなところにゴツンゴツンとぶつかりつつ、そのことで部屋のなかを縦横に動きまわることができた。その進行の邪魔《じゃま》になると思われた椅子やテーブルの存在も、ロボットをランダムな方向へと導き、部屋をまんべんなく動き回るような振る舞いを生みだすために⑦一役買っている。

このロボットの健気さや生き物らしさというのも、そんなところから生みだされていたのだろう。壁にぶつかると先には進めないと判断し、あらたな進行方向を選びなおす。これをくりかえすだけなのに、その忙《せわ》しなさも手伝ってか、それなりに懸命《けんめい》に仕事をしているように見えてしまう。もとを辿《たど》れば、この甲斐甲斐しく働く姿というのは、部屋のなかにある椅子やテーブルなどと一緒に作りだされたものなのだ。

ではもうすこしこのロボットが進化をして、彼《かれ》（彼女）なりのプランで部屋のなかを掃除しはじめるならどうだろう。

まず部屋のなかをひと通り動きまわり、その大きさや形を把握《はあく》し、そこでの椅子やテーブルの位置関係を把握する。あとは、この部屋にもっとも適したルートでのお掃除のプランをたて、実行に移すだけだ。その動きに無駄《むだ》はなくなることだろう。そしてホコリを取りこぼすこともすくなくなる。ロボットに知性が備わるとは、本来は⑧このようなことを指していたのだろうと思う。

ただ、ここですこし気になるのは、この進化したロボットは、周りにある壁や椅子を味方にするのではなく、むしろ［　C　］ととらえてしまうことだ。その掃除を手助けしてあげようと、椅子を並べなおそうものなら、当初のプランからずれてしまい、その椅子はロボットにとっての邪魔ものになってしまう。いまにも

「せっかくのプランが台無しじゃない。邪魔しないでよ！」という声が聞こえてきそうである。なぜか関わりも否定されているようで、なにも手が出せないのだ。

部屋の壁や椅子を味方につけながら（そのことを意識しているかどうかはおいておくとして……）、結果として部屋のなかをまんべんなくお掃除してしまうロボット、それとプランをたてながらテキパキとお掃除をするちょっと進化したロボット。前者はちょっとゆきあたりばったりで、あまり深く考え込むことのない行動派タイプだろうか。⑨後者はやや慎重《しんちょう》に行動を選ぶけれど、なかなか臨機応変に振る舞えない熟考派タイプ。さ⑩てどちらがスマートといえるのか。すぐには答えが見つかりそうもないけれど、このことは本書のなかで丁寧に議論していきたいテーマの一つである。

「行動派か、熟考派か、あなたはどちらを選ぶのか」というのは好みの問題かもしれないけれども、前者のゆきあたりばったりでの行動様式にも学ぶところはありそうだ。その一つは「とりあえず動いてみよう」という姿勢だろう。いい加減にも思えるけれど、そのことで周りにあるモノや制約を生かしつつ、一つの物事を成し遂げてもいた。それと「偶然の出会いを一つの価値に変えている」というような側面もある。後者の熟考派タイプは、几帳面《きちょうめん》に淡々《たんたん》と物事をこなせるように見えるけれど、こうした意外性には欠けるようなのである。

（一部表記を改めた）

（岡田美智男『〈弱いロボット〉の思考　わたし・身体・コミュニケーション』）

※健気…けんめいに努力するようす。
※趣…味わいのあるようす。ありさま。内容。
※甲斐甲斐しさ…有能で頼りがいがあるようす。骨身を惜しまず、テキパキしているようす。

問一 ――線①「それでも許せてしまう」のはなぜか。次から選び、記号で書きなさい。

ア 元気いっぱいに大きな音を立てて掃除を頑張る姿は見ていてすがすがしいから。
イ 不器用ながらも一生懸命に掃除しようとしているように感じるから。
ウ どんなに遠くに行ってもいつも同じ場所に戻ってくる優秀さに感心するから。
エ まっすぐ進むように意識している様子が伝わり、性能の良さを実感するから。

問二 ――線②「これまでの家電とはどこか趣《おもむき》がちがうようだ」とあるが、これまでの家電と異なる点を同じ段落の中から一文で探し、初めの十字を書き抜きなさい。

2022 IK
2022(R4) 山梨学院中　一般
教英出版

問三　――線③「主客転倒《しゅかくてんとう》」と似た意味の言葉を次から選び、記号で書きなさい。

ア　本末転倒　　イ　因果応報

ウ　言語道断　　エ　七転八倒

問四　A に当てはまる言葉を次から選び、記号で書きなさい。

ア　したがって　　イ　もしくは　　ウ　いったい　　エ　つまり

問五　――線④「このロボットはわたしたちを味方につけながら、ちゃっかり部屋をきれいにしていたとはいえないだろうか」とあるが、筆者はこのロボットの力はどのようなところにあると感じているか。これより後の本文中から一続きの三文で探し、初めの十字を書き抜きなさい。

（句読点や記号も字数に含む）

問六　――線⑤「欠点」と似た意味の言葉として当てはまらないものを次から選び、記号で書きなさい。

ア　弱点　　イ　短所　　ウ　難点　　エ　利点

問七　[B]に当てはまる言葉を次から選び、記号で書きなさい。

ア　やじろべえの左右へ　　イ　イノシシの猪突猛進《ちょとつもうしん》

ウ　ピンポン球の打球　　エ　ビリヤードの玉

問八　次の一文は本文から抜けている。この一文が入る直前の文の文末の十字を書き抜きなさい。

（句読点も字数に含む）

【つまり、このロボットは部屋の壁や椅子、テーブルなどを上手に味方につけつつ、部屋のなかをまんべんなくお掃除していたのである。】

問九　――線⑥「このロボットの小刻みな動きにあった、甲斐甲斐《かいがい》しさ」はどのようなところから感じられると筆者は述べているか。次から選び、記号で書きなさい。

ア　部屋の隅まで見て回り、細かなところまで意識をして掃除に励んでいるような健気さ。
イ　一生懸命に取り組もうとするが、壁を前にすると怖がって方向を変えてしまうような繊細さ。
ウ　こまめに進む方向を変えながら、精一杯に仕事に取り組んでいるように感じる忙《せわ》しなさ。
エ　テキパキと掃除を進め、無駄のないようにこまめに進路を変えながら効率良く進める賢さ。

問十　――線⑦「一役買っている」という言葉に対応する主語を含む部分を次から選び、記号で書きなさい。

（ア）その進行の邪魔《じゃま》になると思われた　（イ）椅子やテーブルの存在も、ロボットを　（ウ）ランダムな方向へと導き、部屋を　（エ）まんべんなく動き回るような振る舞いを生みだすために⑦一役買っている。

問十一 ――線⑧「このようなこと」とはどのようなことをさすか。次から選び、記号で書きなさい。

ア まず室内を可能な限り動き回り、そこで取れるほこりを確実に回収して効率良く進めていくこと。
イ まず室内の広さや物の位置関係を理解し、効率の良い計画を立ててから掃除を進めていくこと。
ウ まず行動に出る前にほこりがどこにあるかを把握し、そこに狙いを定めて進んでいくこと。
エ まず日頃の経験から部屋のほこりの量を計算し、事前に活動時間を自ら定めて活動すること。

問十二 [C] に当てはまる漢字三文字を本文中から探し、書き抜きなさい。

問十三 ――線⑨「後者」がさすものを本文中から探し、始めと終わりの五字を書き抜きなさい。
（句読点も字数に含む）

問十四 ――線⑩「どちらがスマートといえるのか」とあるが、お掃除ロボットについて、本文を読んだあなたの考えを六十字以内で書きなさい。

5 下の表のように，ある規則にしたがって数字をならべました。いま，○列目の△番目の数を《○，△》で表すこととします。例えば，《3，4》は3列目の4番目の数，つまり，《3，4》＝12となります。次の各問いに答えなさい。

	1列目	2列目	3列目	4列目	5列目	・
1番目	1	4	9	16		
2番目	2	3	8	15		
3番目	5	6	7	14		
4番目	10	11	12	13		
5番目						
・						

ア．《5，5》はいくつになりますか。

イ．53はどう表されますか。

ウ．2400はどう表されますか。

6 ある製品を1個作るのに，A1人では30日，B1人では20日，C1人では15日かかります。

次の各問いに答えなさい。

ア．A，B，Cの3人でこの製品を作るとすると，60日で何個の製品を作ることが出来ますか。

イ．この製品1個を，初めからA，B2人でいっしょに作るとすると，何日で作ることが出来ますか。

ウ．この製品1個を仕上げるのに，初めA，B2人が8日間いっしょに作業をしたあと，Cが1人で残りを仕上げることにしました。Cが残りを仕上げるのに何日かかるでしょうか。

7 ある区間を電車Aと電車Bが往復している。長さ120 mの電車Aは1分間に1200 mを走り，毎時90 kmで走る電車Bは，ある電柱の前を通り過ぎるのに6秒かかった。次の各問いに答えなさい。

ア．電車Aが，ある鉄橋をわたり始めてから，わたり終えるまでに35秒かかった。鉄橋の長さは何mですか。

イ．電車Bが電車Aに追いついてから追いこすまでに，何秒かかりますか。

ウ．電車Aと電車Bが向かい合って走るとき，出会ってからはなれるまでに，何秒かかりますか。

8 次の会話文を読んで，あとの問いに答えなさい。

さくら：先生，何を悩んでいるんですか。
先　生：いま，みんなで行く校外学習の計画を立てているんだ。
さくら：海の生物について勉強するために千葉の水族館に行くんでしたね。楽しみです。
先　生：そのためには，考えなければならないことがいろいろあるんだよ。
例えば，バスの乗車については，1台に35人ずつ乗ると最後のバスだけは30人乗ることになる。でも，1台に40人ずつ乗るとすべてのバスに同じだけ乗ることができて，35人ずつ乗るよりも，1台少なくてすむんだ。
さくら：私はゆったり座れる方がいいな。
先　生：そうだね。でも出来るだけ節約もしたいんだ。
さくら：そうなんですね。ところで，水族館まではどのくらいかかるんですか？
先　生：バスに乗って，学校から高速道路まで20分，高速道路を50分走って，高速道路を降りてから普通の道路を 少し走るかな。あと，途中で休憩を25分とる予定だから，水族館には学校を出発してから1時間50分で着く予定だよ。
さくら：それだけ時間があれば，バスの中でレクレーションなど出来ますね。
ほかにはなにかあるんですか？
先　生：入館料の計算もしなければならないんだ。ホームページには，大人1人2550円，小人1人1950円と書いてあるんだけど，50名以上の団体だと，大人2040円，小人1人1365円に割引きしてくれるんだ。必要な金額を用意するには・・・。
さくら：先生，いろいろありがとうございます。
先　生：それが終わったら事前学習の準備もしなければ・・・
さくら：私で出来ることがあったらお手伝いしますよ。
先　生：ありがとう。では，お願いしようかな。

ア．校外学習に参加する生徒の人数は何人ですか。

イ．バスが普通の道路を走る速さを毎時 40 km，高速道路を走る速さを毎時 80 km とすると，学校から水族館まではおよそ何 kmありますか。

ウ．この水族館に団体で入館するときの小人の入館料は，普通の入館料の何割引いてくれることになりますか。

【三】 次の文章を読み、後の問いに答えなさい。

〈あらすじ〉

他界した母の故郷に住む祖父母の家に、父と妹の家族三人で移り住んだ僕・園田太一。母を失った悲しみの中、本屋で不思議な少女と出会った。

少し、思い出した。①「前」のころ。僕《ぼく》は本が好きで、「前」はよく本屋に行ったのだ。父さんが家で本を読むのを見たことがないから、僕はきっと母さんに似たんだろう。そう思ったら、もう駄目《だ》だった。せっかく入った本屋で、本の背表紙がちかちかしてうまく読み取ることができない。雑誌のコーナーをまわり、新刊の台を通り過ぎ、「当店のおすすめ」となっている棚《たな》から一冊、二冊、手に取って、また戻《もど》す。読みたい本がない。何を読んでいいのかわからない。

母さんのせいだというのはわかっていた。母さんが亡くなって、世界は色を失った。匂いが消え、音が遠くに聞こえ、何かが手に触《ふ》れる感覚も鈍《にぶ》った。読みたい本など見つからなくて当然だった。

【中略】

日曜に、ようやく本屋に行くことができた。

彼女がいると思ったわけじゃない。むしろ、いなくて当然だと思った。でも、文庫の棚の前に、あのなつかしい姿がなかったとき、僕はやっぱり※落胆《たん》した。

【四】

問一 ① ② ③ ④ ⑤

問二 ① ② ③ ④ ⑤

【三】

問一

問二

問三

問四

問五

問六

問七

問八

問九

問十

問十一 落胆→ ↓ ↓

問十二

問十四

算　数

受験番号	氏　名

山梨学院中学校

※印のところには、なにも書いてはいけません。

得点 ※	※

※150点満点
（配点非公表）

（切り取ってはいけません）

算　数

解　答　用　紙

※印のところには、なにも書いてはいけません。

得点 ※	※

1	ア	
	イ	
	ウ	
	エ	
	オ	
	ア	個

5	ア	
	イ	
	ウ	
6	ア	個
	イ	日
	ウ	日

【解答

二〇二二年度

入学試験問題（専願）

国語

山梨学院中学校

注意

一、始めの合図があるまでは、次をあけてはいけません。
二、受験番号・氏名を問題用紙と解答用紙の両方に書きなさい。
三、試験時間は五十分です。
四、解答はすべて別紙の解答用紙の決められた場所に、はっきり記入しなさい。
五、問題の印刷がはっきりしなくて読めないときは、静かに手をあげて係の先生がそばに来るのを待ちなさい。
六、終わりの合図があったら、係の先生の指示を受けなさい。

受験番号	氏名

2022 SK

2022(R4) 山梨学院中　専願
K 教英出版

【一】 次の――線のカタカナを漢字に、漢字には読みがなをひらがなで書きなさい。

① 落ちていたごみをスてる。
② ショウチしました。
③ キョウド資料館を見学する。
④ ハッテン問題を解く。
⑤ ナイカク総理大臣。
⑥ 絹でできた衣服を着る。
⑦ 川沿いの景色。
⑧ 著名人の講演を聞く。
⑨ 歌詞の意味を理解する。
⑩ リーダーの意見に従う。

【二】 次の文章を読み、後の問いに答えなさい。

【巨《きょ》木はどうやって水を吸う?】

1 日本最古の歴史書である『古事記』には、①巨木の伝説が記されています。大阪《さか》の南部には大きなクスノキがあり、その影《かげ》は、海の向こうの淡《あわ》路島を覆《おお》い隠《かく》すほどだったというのです。いったい、どれほどの巨木だったのでしょう。

2 それほどの巨木ではないにしても、※鎮《ちん》守の森などには、見上げるばかりの大きな木がそびえ立っています。いったい、植物の木はどれくらいの高さにまで伸《の》びることができるのでしょうか。

③ 植物は地面の下の根っこから水を吸い上げなければなりません。見上げるような巨木の場合は、どうやって木のてっぺんまで水を運ぶかが問題になります。

【植物の体内にはストローがある?】

④ 人間や動物は心臓というポンプを持っていて、血液を頭のてっぺんまで運んでいます。動物の中でもっとも背の高いキリンは、人間の二倍近く高い血圧で血液を圧送しています。②ただし、そんなに強力な血圧で押《お》し上げてもキリンの身長はせいぜい三メートルです。心臓というポンプでは、五〇メートルの高さまで水を押し上げることは、難しそうです。

⑤ [A]、大気の圧力によって水を押し上げるという方法も考えられます。

⑥ 私たちの身の回りにある空気には重さがあります。手のひらを上に向けて広げると、その上には、③直接空気がのっていることになります。想像してみると、その空気には上空はるか大気圏《けん》外までの空気が積み重なっているのです。その空気の重さは一平方センチメートル当たり約一キログラムになりますから、広げた手のひらの上には数十キロの空気がのっている計算になります。それでも空気が重くないのは、私たちが空気の中に住んでいるからです。手のひらの下にも空気がありますし、体の中にも空気が詰《つ》まっています。[B]押しつぶされることはないのです。

⑦ 管の中の空気を抜《ぬ》いて真空にすれば、外気の圧力によって管の中の水を押し上げることができます。コップの中のストローを指でふさいで引き上げると水を水面より高く持ち上げることができるのと同じ理屈《くつ》です。

[8] それでは、もし、とてつもなく長いストローがあったとしたら、どれくらいの高さまで水を持ち上げることができるのでしょうか。実際には、④この方法では一〇メートルの高さが限界のようです。空気の重さは一平方センチメートル当たり約一キログラム。水は一立方センチメートルで一グラムですから、一〇メートルの[X]になると大気の重さと釣《つ》り合ってしまうのです。

[9] [C]、世の中には一〇メートルを超《こ》える巨木はたくさんあります。木々はいったい、どのようにして、水を高いところまで引き上げているのでしょうか。

[10] じつはこの理由は完全に解明されていませんが、その秘密の一つとされているのが「蒸散」です。

[11] 植物の葉の裏には、空気を出し入れするための気孔《こう》がいくつもあります。この気孔から、植物の体内の水分が水蒸気となって外へ出ていくのです。これが蒸散です。

[12] 植物の体内では、気孔から根までの水の流れはずっとつながっていて、一本の[X]になっています。そのため、（ａ）によって（ｂ）が失われると、それだけ（ｃ）が引き上げられます。ちょうどストローを吸うと（ｃ）が吸い上げられるのと同じです。

[13] この蒸散の力で引き上げられる水の高さは、一三〇～一四〇メートルの水柱になると計算されています。

[14] 現存する世界一高い木はアメリカのカリフォルニア州にあるセコイアメスギで高さ一一五メートルにもなると言います。これは二五階建てのビルの高さと同じくらいです。

[15] とはいえ、一四〇メートルが理論上の限界です。残念ながら、淡路島を覆い隠すような伝説の巨木は、

⑤存在しえなかったのです。

（稲垣栄洋『面白くて眠れなくなる植物学』ＰＨＰ研究所）

※鎮守の森…神社を囲む森林。

問一　――線①「巨木の伝説」とあるが、その内容を本文から探し、「～伝説。」につながるかたちで書き抜きなさい。

問二　――線②「ただし」と同じ意味・用法の文を次から選び、記号で書きなさい。

ア　実行委員から、ただしい考え方が述べられた。
イ　いつ来てもかまいません。ただし日曜日は閉館しています。
ウ　今日の電話を受けて再度事件をただし、調査をやり直します。
エ　おびただしい数の鳥の群れ。

2022(R4) 山梨学院中　専願
K 教英出版

問三　A～C に当てはまる言葉を次から選び、それぞれ記号で書きなさい。

ア　しかし　イ　このように　ウ　さて　エ　たとえば　オ　だから

問四　――線③「直接」の反対の意味を表す言葉を漢字二字で書きなさい。

問五　――線④「この方法」とあるが、どのような方法か、「圧力」という言葉を用いて説明しなさい。

問六　9 の段落ではどのようなことを問いかけているか。三十字以内にまとめて書きなさい。

問七　8 段落と 12 段落の X には同じ言葉が入る。当てはまる言葉を次から選び、記号で書きなさい。

ア　根　イ　ポンプ　ウ　水柱　エ　巨木　オ　木

問八　12段落の空らん（a）～（c）に当てはまる言葉を本文中から探し、それぞれ書き抜きなさい。

問九　――線⑤「存在しえなかった」とあるが、どのような意味か。正しいものを次から選び、記号で書きなさい。

ア　存在したかもしれないのです。
イ　存在したことでしょう。
ウ　存在したと言われています。
エ　存在しなかったのです。

問十　筆者は、高い木に水を押し上げる方法として本文で二つの方法を上げている。その方法を本文中から、五字と二字で探し、それぞれ書き抜きなさい。

2022(R4) 山梨学院中　専願
教英出版

問十一　本文に書かれている内容に当てはまらないものを次からすべて選び、記号で書きなさい。

ア　「蒸散」の力で引き上げられる水の高さは、一三〇～一四〇メートルと計算されている。

イ　人間や動物は心臓というポンプによって血液を運んでいる。

ウ　植物が地面の下の根から水を吸い上げる活動を「蒸散」という。

エ　現存する世界一高い木は一一五メートルもあり、大気の外圧によって管の中の水を引き上げている。

5 次の図のように，正六角形の頂点にA，B，C，D，E，Fと名前をつけ，それぞれの頂点の外に1から順に数を並べます。例えば7は点Aの2番目に並ぶ数です。次の各問いに答えなさい。

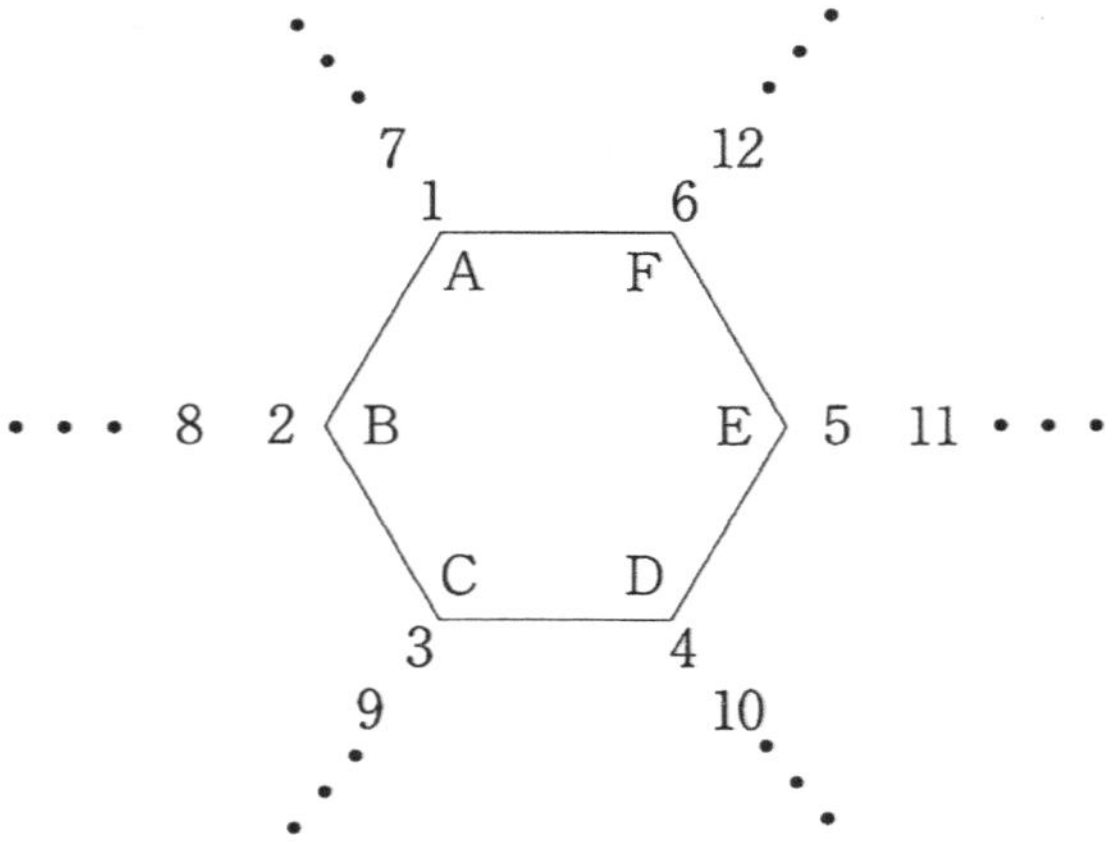

ア．20はどの頂点に並びますか。

イ．点Dの8番目に並ぶ数はいくつですか。

ウ．2022はどの頂点の何番目に並びますか。点Aの2番目のように答えなさい。

エ．1から100までの数を並べたとき，点Eに並ぶ数の合計はいくつですか。

6 太郎くんは家から学校まで 1 km の道のりをいつも歩いて 20 分かかります。ある日，いつもと同じ速さで歩いて学校へ向かったところ，家と学校のちょうど真ん中で忘れ物に気がつきました。そこからすぐに普段の歩く速さの 2 倍の速さで走って家に帰り，家で忘れ物をとるのに 5 分かかって，また家に帰ったときと同じ速さで走って学校まで行きました。このとき，次の各問いに答えなさい。

ア．太郎くんの歩く速さは毎時何 km ですか。

イ．太郎くんはいつもより何分おくれて学校に着きましたか。

ウ．妹の花子さんは家から学校まで自転車で通っています。花子さんは毎分 250 m の速さで学校へ向かい，太郎くんが学校に着くのと同時に花子さんも学校に着きました。
太郎くんが最初に家を出てから何分後に花子さんは家を出ましたか。

エ．この日の太郎くんの家からの道のりと最初に家を出てからの時間の関係を表すグラフをかきなさい。

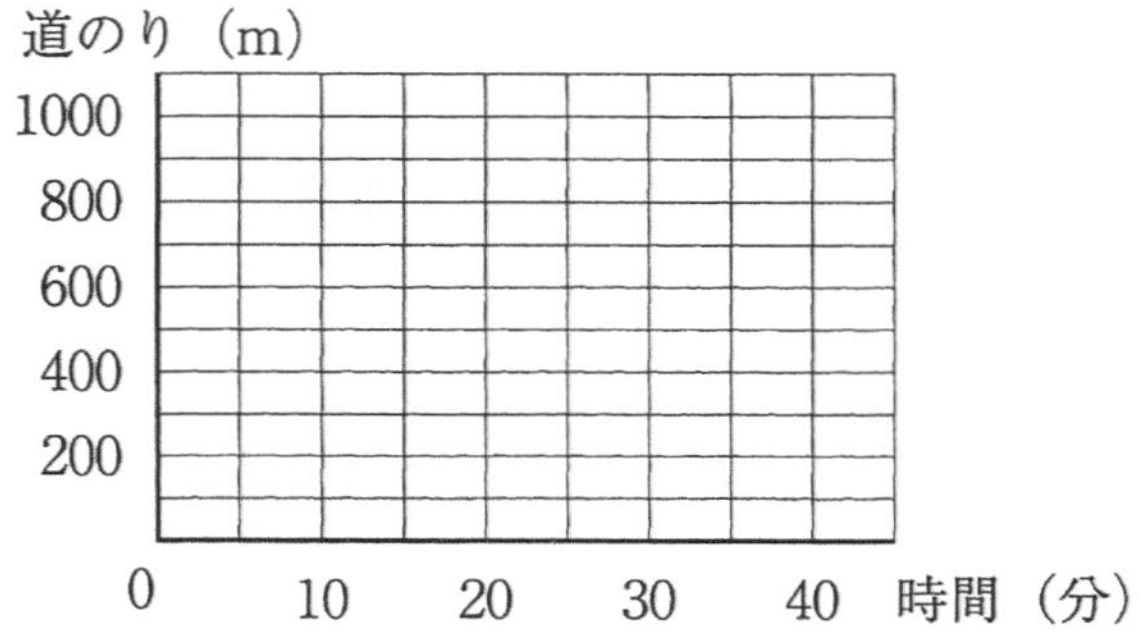

2022 SS
2022(R4) 山梨学院中　専願
K 教英出版

7 時刻がずれてしまう時計が2つあります。時計Aは一定の割合で正しい時刻より進み，時計Bは一定の割合で正しい時刻よりおくれていきます。5月1日の正午に2つの時計を正しい時刻に合わせて，5月31日の正午に時計の時刻を比べると時計Bよりも時計Aは40分進んでいました。また，時計Aと時計Bの時刻のずれていく割合は3：5になることがわかっています。このとき次の各問いに答えなさい。

ア．5月31日の正午に時計Bは何時何分になっていますか。

イ．時計Aは1日に正しい時刻から何秒進みますか。

ウ．時計Aが正しい時刻から10分10秒進むのは何月何日の午前何時または午後何時ですか。

エ．2つの時計が再び同じ時刻を表すのは5月1日から何日後ですか。

8 たかしくんとさくらさんは電気の使用量と電気代について話しています。次の会話文や資料をみて次の各問いに答えなさい。ただし，電気代は基本料金と電気の使用量のみかかることにします。

たかし：最近，お母さんが「電気代が高くなったのはたかしがゲームばっかりしているからだ。」って言うんだ。

さくら：そうなの？ちゃんと勉強しないから怒られるんだよ。

たかし：確かにそうなんだけど，テレビやゲームだけで電気代が高くなるのか気になったから調べてみようと思うんだ。一緒に考えてくれない？

さくら：いいけど，それでお母さんに反論しないでね。

たかし：もちろんだよ。調べれば節約できるところが見つかるかもしれないからね。

さくら：じゃあ一緒に調べてみよう。

〜〜〜1時間後〜〜〜

たかし：電気製品を使ったときに，使用する電力と時間をかけると電力量になるんだって。電力の単位はW（ワット）電力量の単位はWh（ワットアワー）が使われるよ。

さくら：私も同じことを調べたよ。でも電気代の計算ではkWhという単位を使うことが多くて1000 Whが1 kWhなんだって。

たかし：そうなんだね。電気製品によって電力が違うから試しに計算してみよう。例えば電力が440 Wのエアコンを2時間使ったとしたら $440 \times 2 = 880$ だから，880 Whになるね。そして，単位を直すと0.88 kWhだ。

さくら：私も同じ答えになったわ。じゃあ，同じエアコンを30分つけると電力量はどうなるかな。

たかし：30分を時間に直して計算すればいいから。0.22 kWhだね。

さくら：そうだね。あとは使っている機器を調べればいいね。

たかし：僕がゲームをするときはゲーム機とテレビを使っているから，実際にテレビとゲーム機の電力を調べて計算すれば，ゲームのために使っている電力量がわかるね。

さくら：あとは何時間ゲームをしているかも調べないとね。

たかし：家に帰ったら調べて計算してみるよ。

資料１　たかしくんの家の電気機器の電力

機器の名前	電力
テレビ	150 W
ゲーム機	160 W
ドライヤー	1200 W
常夜灯（一晩中つけておく明かり）	60 W

資料２　たかしくんの１日の過ごし方

月曜日から金曜日までの
帰宅してからの時間の使い方

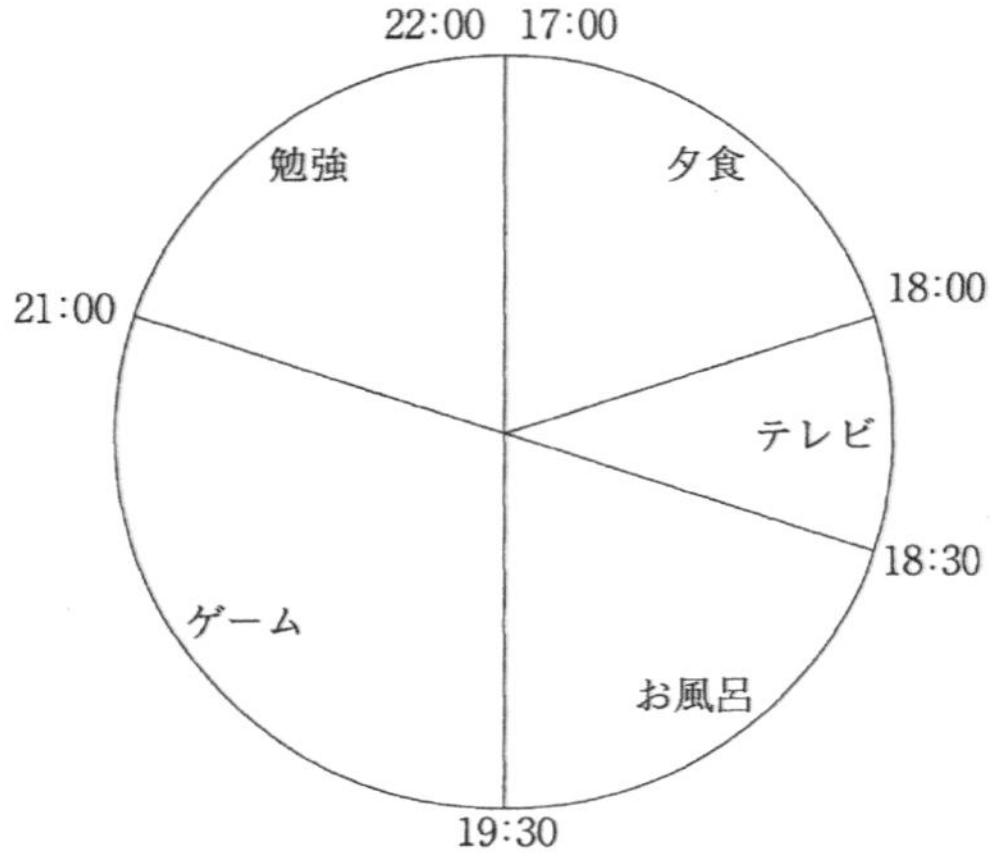

土曜日，日曜日の１日の時間の使い方

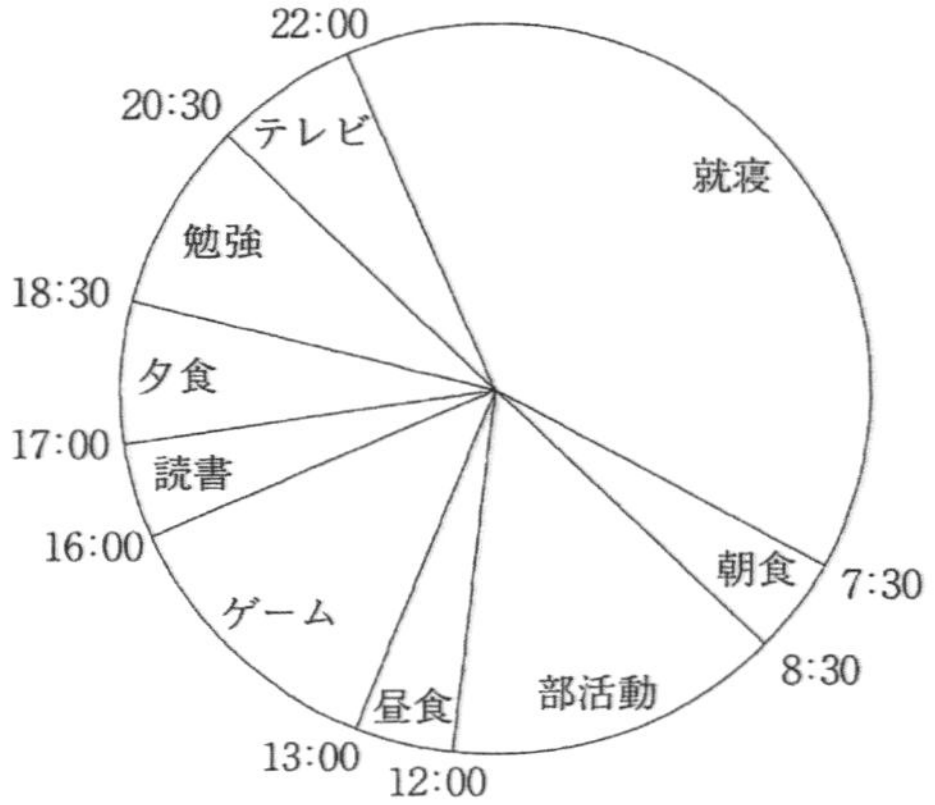

ア．たかしくんが家でドライヤーを 10 分使用したときの電力量は何 Wh ですか。

イ．たかしくんの月曜日から金曜日までの過ごし方では１日に使用するゲームのための電力量は何 Whですか。

ウ．たかしくんは常に資料２のように過ごしていたとします。
日曜日の起床から土曜日の就寝までにゲームのために使用した電力量は何 kWh ですか。

エ．たかしくんの家では 18 時から次の日の６時まで外の常夜灯をつけています。
この常夜灯を今使っているものから 20 W のものに変更すると 30 日間で何円節約できますか。１kWh あたり電気代が 25 円かかるとします。

【三】

問一

問二

問三

問四

問五

問六

問七

〜

問八

⑧

⑩

し

問九

【四】

問一

① 漢字 意味

② 漢字 意味

③ 漢字 意味

④ 漢字 意味

⑤ 漢字 意味

問二

①

②

③

④

⑤

問八

a

b

c

問九

問十

五字

二字

問十一

山梨学院中学校

算　数

受験番号	氏　　名

※印のところには、なにも書いてはいけません。

得点 ※	※

※150点満点
（配点非公表）

（切り取ってはいけません）

算　数

解　答　用　紙

※印のところには、なにも書いてはいけません。

得点 ※	※

1	ア	
	イ	
	ウ	
	エ	
	オ	
	ア	

6	ア	毎時　　　km
	イ	分
	ウ	分後
	エ	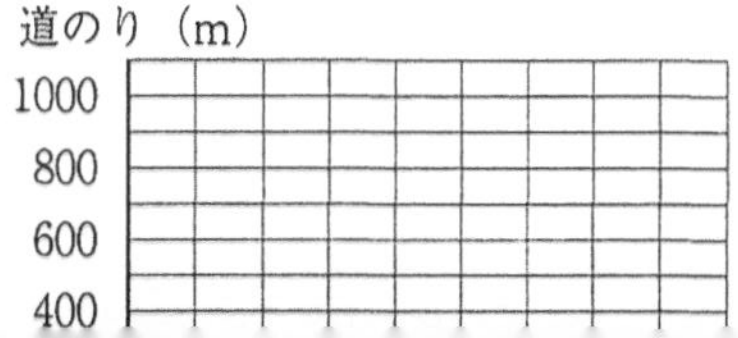

2	ウ	人
	エ	人
	オ	個
3	ア	m^2
	イ	cm^2
	ウ	cm^2
4	ア	cm^3
	イ	cm^3
5	ア	
	イ	
	ウ	点　　　の　　　番目
	エ	

7	ア	時　　　分
	イ	秒
	ウ	月　日　　　時
	エ	日後
8	ア	Wh
	イ	Wh
	ウ	kWh
	エ	円

2022 SS

山梨学院中学校

国語

受験番号

氏名

※印のところには、なにも書いてはいけません。

※

得点 ※

※100点満点
（配点非公表）

（切り取ってはいけません。）

国語

解答用紙

※印のところには、なにも書いてはいけません。

※

得点 ※

【一】

① てる

②

③

④

⑤

⑥

⑦ い

⑧

⑨

⑩ う

【二】

問一 伝説。

問二

問三 A B C

問四

問五

問六

4 次のそれぞれの図形について各問いに答えなさい。
ただし，円周率は3.14として計算しなさい。

ア．次の図は四角柱から三角柱と円柱を切り取ったものです。この図形の体積は何cm³ですか。

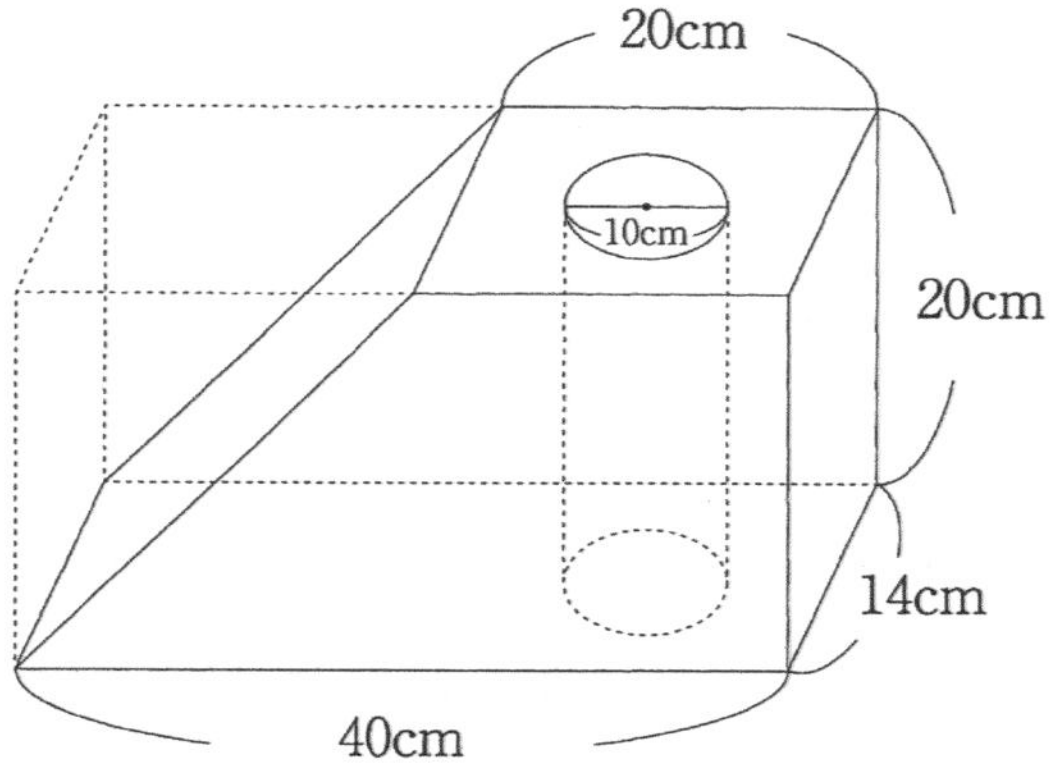

イ．次の図のように深さが 18 cm で，口が半径 6 cm の円の形をした容器 A と容器 B があります。容器 B が空のとき，容器 A いっぱいの水を 3 回入れると容器 B はいっぱいになります。容器 A の容積は何 cm³ ですか。

容器 A　　　　容器 B

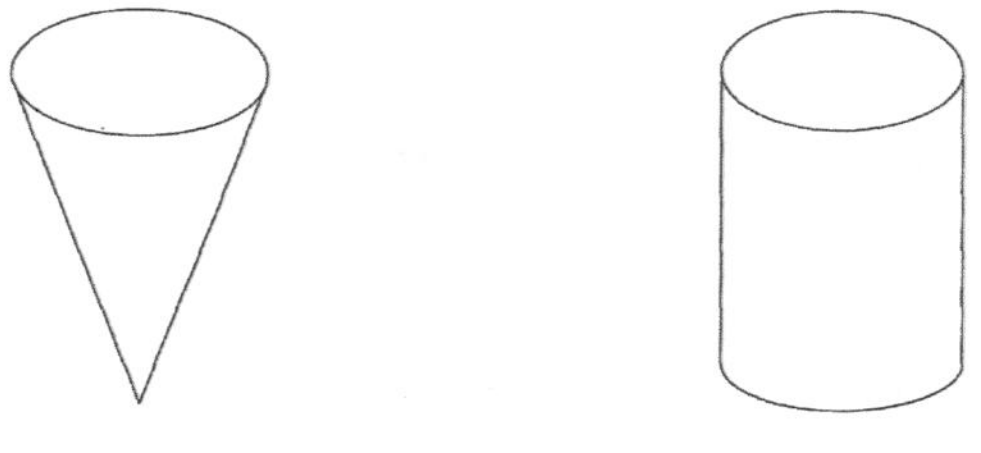

3 次のそれぞれの図形について各問いに答えなさい。
ただし，円周率は3.14として計算しなさい。

ア．次の直角三角形の300倍の拡大図を考えます。拡大した直角三角形の面積は何 m^2 ですか。

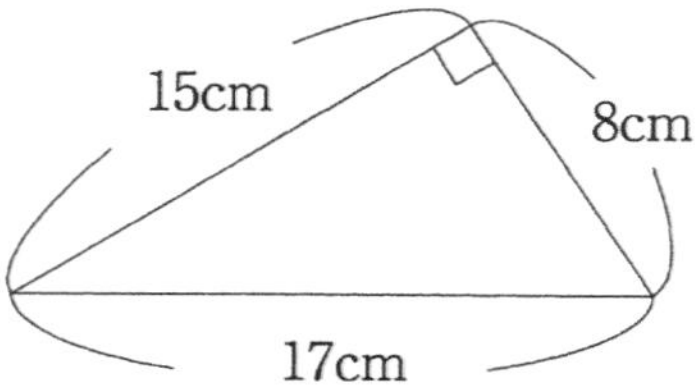

イ．次の図のように半径10 cmの円が3つあり，その中心を結ぶと正三角形になるようにふれあっています。このとき，かげのついた部分の面積は何 cm^2 ですか。

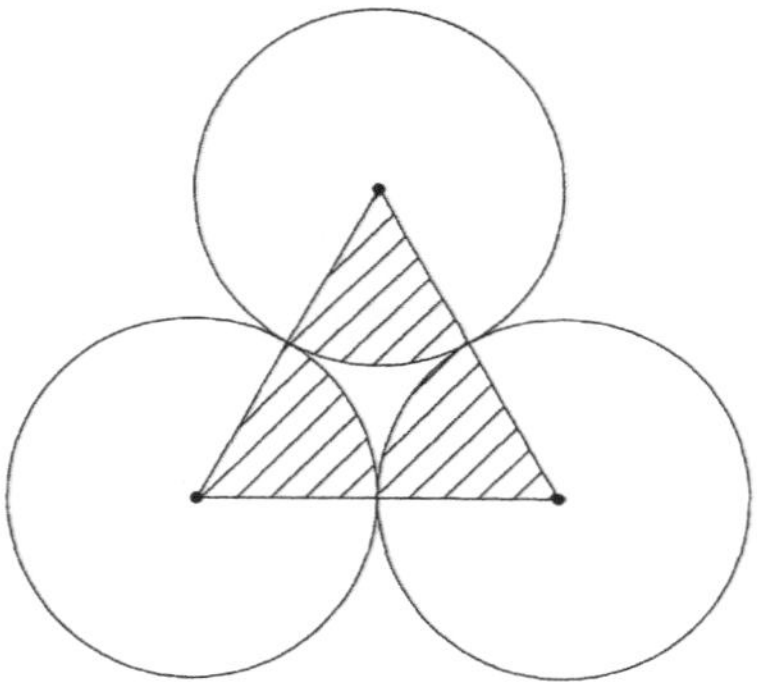

ウ．次の図は1辺の長さが20 cmの正方形の中に，半径の等しい4つの円をふれあうように並べ，それぞれの円の中に正方形をかきいれたものです。このとき，かげのついた部分の面積は何 cm^2 ですか。

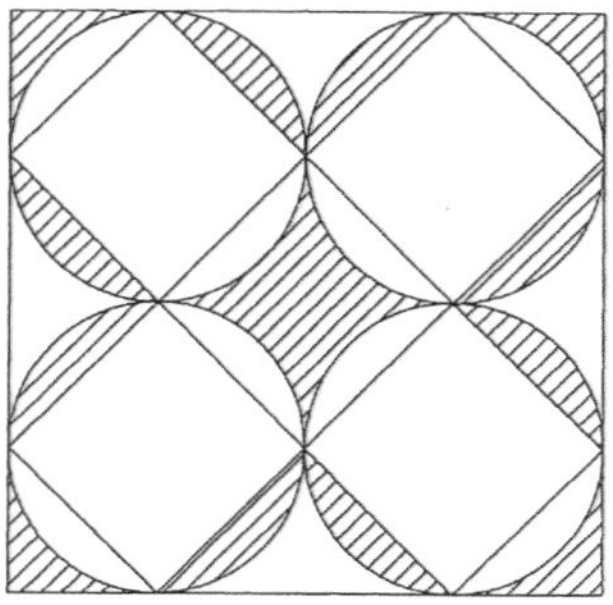

2 次の各問いに答えなさい。

ア．150 と 360 の最大公約数を答えなさい。

イ．2 km の道のりを毎分 80 m の速さで歩くと何分かかりますか。

ウ．ある図書館では，昨日の利用者数が 150 人でした。今日は昨日より 8 % 利用者が減りました。今日の利用者は何人ですか。

エ．30 人のクラスで国語と算数のそれぞれについて好きか好きでないかを調査しました。国語を好きと答えた人は 19 人，算数を好きと答えた人が 18 人，どちらも好きでないと答えた人が 3 人いました。国語も算数も好きな人は何人いますか。

オ．1 個 100 円のりんごと 1 個 160 円のももを合わせて 18 個買ったところ，代金は 2580 円になりました。ももは何個買いましたか。

2022 SS
2022(R4) 山梨学院中　専願
K 教英出版

1 次の計算をしなさい。

ア．$35 \times 3 - 68 \div 4$

イ．$7 \times (5.3 - 2.7) - 4.4$

ウ．$7\frac{1}{12} - 3\frac{2}{3} + 1\frac{1}{4}$

エ．$1.5 \times 28.5 - 1.5 \times 12.7 + 1.5 \times 4.2$

オ．$2\frac{1}{4} - 1\frac{1}{3} \div 0.8 + 0.5$

（このページには何もかかれていません）

2022(R4) 山梨学院中　専願
K 教英出版

2022年度　　　　　　　　　　　　　　　　　　　山梨学院中学校

入学試験問題（専願）	算　数

注　意

1. 始めの合図があるまでは，次をあけてはいけません。

2. 受験番号・氏名を問題用紙と解答用紙の両方に書きなさい。

3. 試験時間は60分です。

4. 解答はすべて別紙の解答用紙の決められた場所に，はっきり記入しなさい。

5. 問題の印刷がはっきりしなくて読めないときは，静かに手をあげて係の先生がそばに来るのを待ちなさい。

6. 終わりの合図があったら係の先生の指示を受けなさい。

受験番号	氏　　　名

【三】　次の文章を読み、後の問いに答えなさい。

〈あらすじ〉

小学校に上がったばかりの「かのこちゃん」は、いろんなことに興味をもつ女の子。クラスメイトの「すずちゃん」とは、ある出来事がきっかけでお互いに意気投合し、家に招くなどして仲良くしていた。

かのこちゃんがプールですずちゃんの※告白を受けた二日後、先生からクラスのみんなに向かって、

「突《とつ》然のお知らせですが、すずちゃんが転校することになりました」

という正式な発表があった。いっせいに湧《わ》き上がったざわめきの向こうに、

「お父さんの仕事の都合で、すずちゃんは海外の学校に行きます。とても残念なことだけど、今月いっぱいでお別れになるので、みなさんはすずちゃんとたくさん思い出を作ってください」

という声が響《ひび》くのを、かのこちゃんは蒼白《そうはく》な表情で聞いた。

その日以来、すずちゃんとの間に、①見えない※硬質《こうしつ》な空気が※澱《おり》のように漂《ただよ》うようになった。まるで一学期のはじめ、出会った頃《ころ》に逆戻《もど》りしたかのように、話していてもどこかぎこちない気配が二人の間にわだかまった。ときにすずちゃんは、②明らかに二人だけで話すことを避《さ》ける素振《そぶ》りさえ見せた。それでも、かのこちゃんがすずちゃんを誤解することは、もうなかった。話すことがかえって悲しい気持ちを※助長させてしまうから、と相手の胸の内を正確に理解した。きっと幼稚園《ようちえん》のときのかのこちゃんだったら、こんなふうに相手の気持ち

※を斟酌《しんしゃく》する余裕《よゆう》などなかっただろう。「※知恵《ちえ》が啓《ひら》かれて」以来、かのこちゃんは少しずつ、確実におとなになっていたのだ。

だが、何事も時間がいずれ解決するものであったとしても、かのこちゃんには時間そのものがなかった。限りある残された日数を思い、かのこちゃんはここに、③すずちゃんとともに乗り越《こ》えるべき試練があると感じた。

お父さんが※玄三郎を病院に連れて行った翌日の月曜日、かのこちゃんはすずちゃんに手紙を書いた。

「こんどの日よう日、じんじゃのおまつりであいましょう。」

かのこちゃんの家の近所には、決して大きくはないけれど由緒《ゆいしょ》ある神社がある。お正月の次に神社が人で賑《にぎ》わう秋祭りは、かのこちゃんが一年で必ず浴衣を着ることができる大切な日だ。お父さんの財布のひももすこぶるゆるくなる特別な日だ。

生まれてはじめて、自分の意志で書いた手紙だ。せっかくなので、ここはちゃんと封筒《ふうとう》に入れて手渡《わた》ししたい。お母さんに相談すると、じゃあ、明日夕飯の買い物ついでに封筒も買ってきてあげる、という運びになった。

翌日学校から戻ると、お母さんがかわいらしい封筒を用意してくれていた。かのこちゃんはさっそく手紙を封筒に入れ、ランドセルに忍ばせた。

しかし、かのこちゃんの手紙がすずちゃんの手元に届くことはなかった。

というのも、次の日にすずちゃんが急な風邪《かぜ》で学校を休んでしまったからである。しかも④間の悪いことに、新しい週に入ったと思ったら、すぐさま秋の連休が始まった。おかげで、お祭りのある週末まで、学校そのものがなくなってしまった。

⑤やきもきした気持ちを持続させたまま、かのこちゃんは日曜日を迎《むか》えた。先週に続き、お父さんが玄三郎を病院に連れて行っている間に、お母さんに浴衣の着付けをしてもらった。ついでに頭のてっぺんに、かわいらしいおだんごも作ってもらった。

「せっかく、お手紙書いたのに」

準備を終えたかのこちゃんは、縁側《えんがわ》に腰《こし》かけ、下駄《げた》をひっかけた足を交互《こうご》に振りながら、⑥ほんの一日のタイミングの遅《おく》れを呪《のろ》った。それならそれで、いっそすずちゃんの家を訪問したらよかったのかもしれないが、そんなことをしたら嫌《いや》がられはしまいかなどと妙《みょう》な遠慮《えんりょ》が働き、結局、※無為《むい》に過ごしたことを⑦今さらながら悔《く》やんだ。

「ああ——今日、すずちゃんもお祭りにきてくれたらいいんだけど」

と気弱につぶやき、かのこちゃんは隣《となり》で寝《ね》そべっている※マドレーヌの脇《わき》腹をくすぐった。先ほどから、かのこちゃんの愚痴《ぐち》めいた後悔《こうかい》の言葉を、マドレーヌは顔を洗いながら⑧かんしんなさそうに聞いている。⑨相手をする気分にならないのか、マドレーヌは縁側からさっさと飛び降りると、室外機に場所を⑩うつし、大きくあくびして丸くなった。

（万城目学『かのこちゃんとマドレーヌ夫人』ＫＡＤＯＫＡＷＡ）

※すずちゃんの告白…かのこちゃんは、引っ越しのことをみんなよりも先に教えてもらっていた。
※硬質…質のかたいこと。
※澱…液体の底に沈んだ、かす。
※助長…無理に力を添えて、かえって害してしまうこと。
※斟酌《しんしゃく》…その時の心情や状況に考えを巡らすこと。
※知恵が啓かれて…好奇心が一気にあふれ出し、いろんな事を知りたくなった瞬間を、作中でこう表現していた。
※玄三郎…かのこちゃんの家の飼い犬。
※無為…何もしないでぶらぶらしていること。
※マドレーヌ…かのこちゃんの家に居着いたアカトラの猫。

問一　――線①「見えない硬質な空気」とは、どのようなものか。本文中から十六字で探し、書き抜きなさい。

問二　――線②「明らかに二人だけで話すことを避ける素振り」を見せたのは、「すずちゃん」がどのような思いをもっているからだろうと「かのこちゃん」は想像しているか。本文中から二十四字で探し、初めの十字を書き抜きなさい。

問三　――線③「すずちゃんとともに乗り越えるべき試練があると感じた」とあるが、それはどのようなことか。「すずちゃん」、「お別れ」という二語を用いて説明しなさい。

問四　――線④「間の悪いこと」という言葉の意味を次から選び、記号で書きなさい。

ア　運が悪い　　イ　仲が悪い　　ウ　空気が読めない　　エ　時間が遅い

問五　――線⑤「やきもきした気持ち」とは「あれこれ考えて心配する気持ち」だが、なぜ「かのこちゃん」はやきもきしているのか。説明しなさい。

問六　――線⑥「ほんの一日のタイミングの遅れを呪った」とあるが、その「一日」の遅れは何によるものであったか書きなさい。

2022(R4) 山梨学院中　専願
K 教英出版

問七　――線⑦「今さらながら悔やんだ」とあるが、その気持ちが表れている「かのこちゃん」の行動を本文中から十八字で探し、初めと終わりの三字を書き抜きなさい。

問八　――線⑧「かんしん」、⑩「うつ（し）」を、文脈に合う意味でそれぞれ漢字に直しなさい。

問九　――線⑨「相手をする気分にならない」とあるが、ここでの「ない」と同じ使い方をしているものを次から選び、記号で書きなさい。

ア　わたしたちにできないことはない。

イ　話を聞くのも切ない。

ウ　見ないふりをしておくことはできない。

エ　棚にはおかしがない。

【四】　次の問いに答えなさい。

問一　次の□には身体の一部を表す漢字が入る。適切な漢字一字を書き、慣用句の意味として適切なものを後から選び、記号で書きなさい。

①　揚げ□を取る。
②　合わせる□がない。
③　□を冷やす。
④　鬼の□を取ったよう。
⑤　後ろ□をさされる。

【意味】
ア　人に悪く言われること。
イ　申し訳なくてその人の前に出られないこと。
ウ　相手の間違いを皮肉ったりとがめたりすること。
エ　興奮を冷まして落ち着くこと。
オ　大きな手柄を立てたかのように喜び得意になること。

2022(R4) 山梨学院中　専願
教英出版

問二　次の熟語の構成と同じものを、後から選び、それぞれ記号で書きなさい。

①　強弱　②　洗顔　③　思考　④　日照　⑤　逆流

ア　激増　イ　地震　ウ　拡大　エ　前後　オ　開会

2	ウ	人
	エ	時間　分
	オ	99番目　100番目
	カ	個
3	ア	cm
	イ	cm^2
	ウ	cm^2
4	ア	cm^3
	イ	cm
	ウ	個

7	イ	秒
	ウ	秒
8	ア	人
	イ	km
	ウ	割

2022 IS

山梨学院中学校

国語

受験番号

氏名

※印のところには、なにも書いてはいけません。

※

得点 ※

※100点満点
（配点非公表）

（切り取ってはいけません。）

国語

解答用紙

※印のところには、なにも書いてはいけません。

※

得点 ※

【一】

①

②

③ る

④

⑤

⑥

⑦

⑧

⑨

⑩ れ

【二】

問一

問二

問三

問四

問五

問六

問七

問八

問九

問十

問十一

問十二

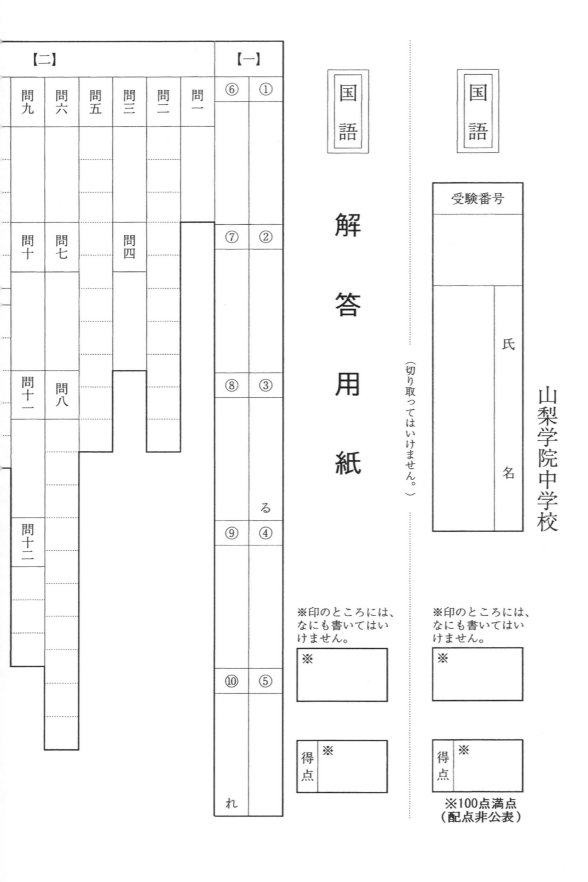

4 図のように，直方体の形をした水そうＡと，円柱Ｂ，立方体Ｃがあります。また，水そうには下から 17 cm のところまで水が入っています。次の各問いに答えなさい。ただし，円周率は 3.14 として計算しなさい。また，水そうのかべの厚さは考えないものとします。

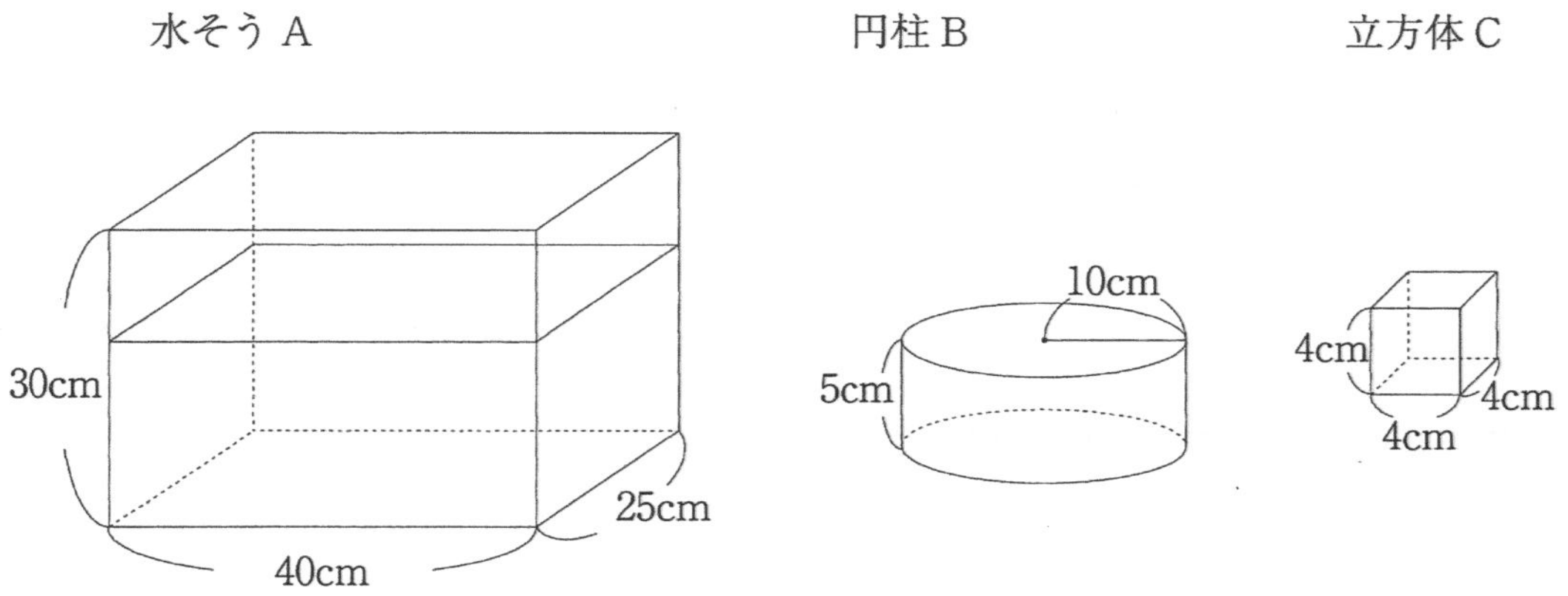

ア．円柱Ｂの体積を求めなさい。

イ．円柱Ｂを２個水そうに入れると，水の高さは何 cm 上がりますか。
ただし，円柱は２つとも全体が水の中に入っているとします。

ウ．水そうＡから水があふれ出ないように，立方体Ｃを出来るだけたくさん水そうに入れたいと思います。最大何個まで入れることが出来ますか。
ただし，立方体は全体が水の中に入っているとします。

3 下の図は三角形を3つの部分に分けたものです。次の各問いに答えなさい。
ただし，円周率は3.14として計算しなさい。

ア．②の部分の周りの長さの合計を求めなさい。

イ．①の部分の面積を求めなさい。

ウ．③の部分の面積を求めなさい。

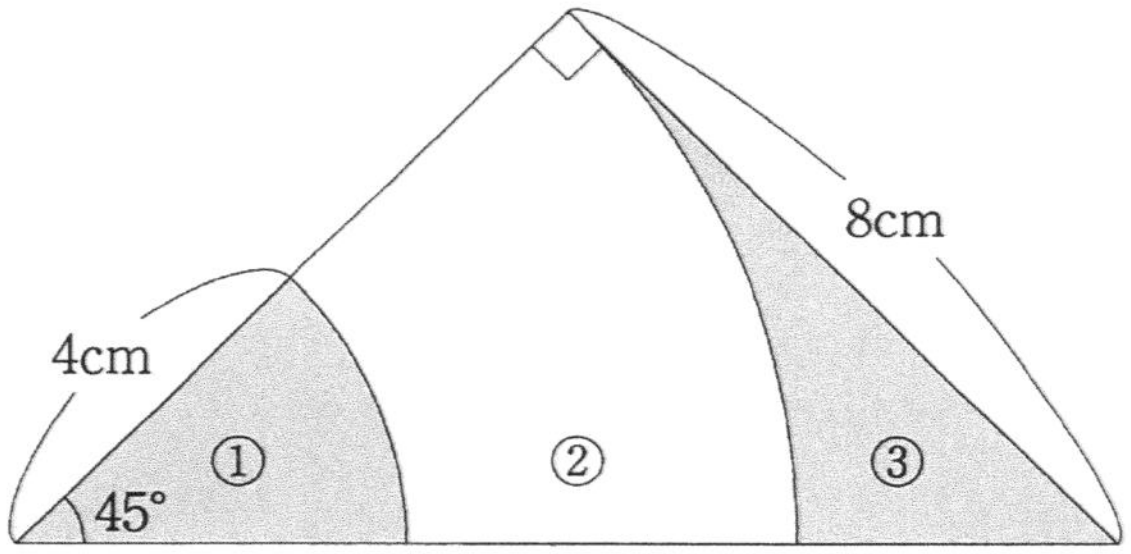

2 次の各問いに答えなさい。

ア．下の表は，ある工場で1週間に作られた商品の個数を調べたものです。
月曜日から金曜日の5日間で，1日あたり何個の商品を作りましたか。

	月曜日	火曜日	水曜日	木曜日	金曜日
商品（個）	23	18	19	27	22

イ．48と36の最小公倍数を求めなさい。

ウ．さとし君のクラスで読書についてのアンケートをしたところ，「毎日読書をする」と答えた生徒は27人で，クラス全体の人数の75％でした。
さとし君のクラス全体の人数は何人ですか。

エ．毎時69 kmで走る電車が115 kmを走るのにかかる時間は，何時間何分か求めなさい。

オ．下のようにある規則にしたがって○，×，△の記号が並んでいます。99番目と100番目の記号を答えなさい。

○，△，△，×，○，×，○，△，△，×，○，×，○　・・・

カ．1個250円のケーキと，1個150円のプリンを合わせて10個買い，代金の合計がちょうど2100円になるようにしました。1個250円のケーキを何個買いましたか。

1 次の計算をしなさい。

ア．$3061 - 1495$

イ．$80 \div 16 + 4 \times 5$

ウ．$8.7 + (16.8 - 1.8 \times 4) - 8.4$

エ．$2.5 - \left(1\frac{3}{4} - \frac{2}{3}\right) \div 1.3$

オ．$93.4 + 93.5 + 93.6 + 93.7 + 93.8 + 93.9$

（このページには何もかかれていません）

2022(R4) 山梨学院中　一般
K 教英出版

2022年度　　山梨学院中学校

入学試験問題（一般）	算　数

注　意

1. 始めの合図があるまでは，次をあけてはいけません。

2. 受験番号・氏名を問題用紙と解答用紙の両方に書きなさい。

3. 試験時間は60分です。

4. 解答はすべて別紙の解答用紙の決められた場所に，はっきり記入しなさい。

5. 問題の印刷がはっきりしなくて読めないときは，静かに手をあげて係の先生がそばに来るのを待ちなさい。

6. 終わりの合図があったら係の先生の指示を受けなさい。

受験番号	氏　　名

あ。また［A］と思った。②この辺《あた》りのひとの顔はみんななんとなく似ている。そうつぶやいた父さんの言葉を思い出している。

そうか。③謎《なぞ》が解けた気がした。彼女はこの辺のひとの顔をしている。つまり、母さんとどことなく似ているのだ。だから、惹《ひ》かれた。恋《こい》とか愛とかじゃなく、本能的に惹かれたのだと思う。

「こんにちは」

背後で声がして、振《ふ》り向いた。

彼女だった。

僕はその顔を見て、すぐに目をそらした。どきどきしていた。たしかに、似ていた。みんな似ている、その※範疇《はんちゅう》を少し超《こ》えているような気がした。

「……こんにちは」

彼女の目を見ずに軽く頭を下げる。

「ちょっと久しぶりだったね」

微笑《ほほ》んでいるかのようなやわらかな声が、僕の身体に染み込んでくる。その声までも、似ている気がした。

「どうかした？」

彼女がいった。僕は黙って④首を横に振った。彼女も黙《だま》った。目を見合わせないで、ふたりで立っていた。

「読んだよ、重松清」

僕がいうと、彼女はほっとしたように表情を崩《くず》した。

「『流星ワゴン』が今のところ一番好きだ」

「ああ、よかった」

「それから、『きみの友だち』。『再会』も」

彼女はちょっと声のトーンを上げた。

「そんなに読んだの？ こんな短い間に？」

僕はうなずいた。お小遣《づか》いではすべては買えないから、学校の図書室から借りたものも混じっている。

「『かあちゃん』っていう本もすごくよかった」

「かあちゃん」

「……え？」

僕は顔を上げ、真正面から彼女を見た。

半分、嘘《うそ》だ。すごくよかったけれど、半分までしか読んでいない。⑤いろんな「かあちゃん」が出てきて、涙《なみだ》で最後まで読み通すことができなかった。

「あれから考えたんだけど」

中村さんは『かあちゃん』には触れずに話題を変えた。

「新しいおすすめの本。たぶん、小説は重松清から広げていけると思うから。もし興味があったら、の新ジャンル」

うん、とうなずくと、彼女は先に立って歩き出した。背格好も似ている。女の子というのは、中学生くらいで身長が伸《の》び止まってしまうのだろうか。

彼女に連れていかれたのは、意外な棚だった。

「何、これ、どうして。僕に？」

料理の本が並んでいる。初めての料理。和食の基礎《そ》。スープの本。本場のパスタをおいしくつくるには。

「案外、お料理の本って読んでると楽しいのよ」

彼女はくすくす笑った。それから、真顔になって付け足した。

「⑥いつか必ず役に立つから。ご家族のためにも」

ご家族。やけに大人びたいい方だった。彼女は知っているのだ。僕の「ご家族」から大切なひとりが欠けてしまったこと。今度は僕が「ご家族」のためにがんばるときだということ。

落ち着いた表情で僕を見ている彼女に向き直った。

「ありがとう。読んでみるよ」

そういうのが精いっぱいだった。

家に、母さんの使っていた料理の本が何冊もあったはずだ。あれを読んで、何かつくってみよう。母さんほどはうまくつくれないに決まっているけど、「ご家族」のために、何か、おいしいものを。

「ご家族に、母さんは含《ふく》まれるのかな」

⑦おそるおそる聞いてみた。彼女は目を伏《ふ》せた。

「あたりまえじゃない。母さんはもちろん太一の家族でしょう」

2022 IK
2022(R4) 山梨学院中　一般
K 教英出版

顔は穏《おだ》やかだったけど、語尾《び》が震《ふる》えた。

「中村さん」

名前はなんていうの。その見かけない制服はどこの学校のものなの。

⑧何も聞けなかった。聞かなくても知っていた。家に帰って、おばあちゃんに古いアルバムを借りればわかることだと思った。

「ありがとう」

はっきりと、しっかりと、伝わるように祈《いの》りながら僕はいった。彼女はにこにこと笑った。いつもそうしていたみたいに、小さく首を振って。

「こちらこそ」

⑨涙でかすんだ目を上げると、彼女はもういなかった。

（宮下奈都『つぼみ』光文社文庫）

※落胆……失望してがっかりすること。

※範疇……あるものが属する基本的な枠組み。

問一　――線①「『前』のころ」とあるが、いつのことか、説明しなさい。

問二　母さんを亡くした「僕」の状態を五感を使って表した一続きの二文を探し、はじめの五字を書き抜きなさい。

問三　「あ。また［A］と思った。」とあるが、［A］に当てはまる言葉を本文中から探し、五字で書き抜きなさい。

問四　――線②「この辺《あた》りのひとの顔はみんななんとなく似ている」の文から、名詞をすべて書き抜きなさい。

問五　――線③「謎が解けた気がした」とあるが、その理由を書きなさい。

問六　――線④「首を横に振った」とあるが、これは誰のどのような気持ちを表しているのか。次から選び、記号で書きなさい。

ア　僕が、彼女は母さんに間違いないと思う気持ちを否定している様子。
イ　僕が、彼女が母さんであってほしいと思う気持ちを否定している様子。
ウ　僕が、彼女を好きになってしまったことを否定している様子。
エ　僕が、彼女と母親のことを重ねてしまったことを否定している様子。

問七　――線⑤「いろんな『かあちゃん』が出てきて、涙で最後まで読み通すことができなかった」とあるが、「僕」がこのような状態になったのはなぜか。三十字以内で書きなさい。

問八　――線⑥「いつか必ず役に立つから。ご家族のためにも」とあるが、ここに使われている表現技法を次から選び、記号で書きなさい。

ア　直喩　　イ　擬人法　　ウ　倒置　　エ　体言止め

問九　――線⑦「おそるおそる聞いてみた」とあるが「おそるおそる」という言葉の使い方で、正しくないものを次からすべて選び、記号で書きなさい。

ア　おそるおそるの態度。　　　　イ　おそるおそる外にでる。
ウ　おそるおそる橋を渡った。　　エ　ビルがおそるおそる立ち並ぶ。

問十　――線⑧「何も聞けなかった」とあるが、その理由を次から選び、記号で書きなさい。

ア　中村さんのそっけない態度が気になって、何か聞くことでこれ以上嫌われたくないと思ったから。
イ　中村さんは亡くなったお母さんが僕たちを心配して現れたと思ったから、何か聞くことでこの関係を壊したくないと思ったから。
ウ　中村さんの懐かしい雰囲気を妹にも見せたいと思い、何か聞くことでいなくなってしまっては困ると思ったから。
エ　中村さんへの好意は隠しているのに、何か聞くことで僕の気持ちがばれてしまうと思ったから。

問十一 【中略】より後の「僕」の心情の変化を、「落胆」につなげて時間の経過に合わせて並べ替え、記号で書きなさい。

ア 感謝　　イ 緊張　　ウ 確信

問十二 ――線⑨「涙でかすんだ目を上げる」とあるが、この後の「僕」の気持ちを想像し、四十字以内で書きなさい。

【四】 次の問いに答えなさい。

問一 次の――線部は敬語の使い方が間違っている。――線部を正しい敬語に直し、書きなさい。

① 先生が私にこう申し上げた。

② 私は週末、先生の家にいらっしゃる予定です。

③ 私が先に昼食を召し上がります。

④ （来校者に対して）「ここが私たちの学校だ。」

⑤ 先生のお手本を見る。

問二 次のものの数え方として適切なものを後から選び、それぞれ記号で書きなさい。

① 花　② とうふ　③ 短歌　④ 鳥　⑤ 船

ア 一隻《せき》　イ 一丁　ウ 一輪　エ 一羽　オ 一枚

カ 一首　キ 一着

2022(R4) 山梨学院中　一般

教英出版

2022(R4) 山梨学院中　一般
K 教英出版